謹以此文集獻給恩師朱家楨先生

史學研究叢書·歷史文化叢刊

唯思史觀

——洞悉人類文明進步奧秘的鑰匙

張躍　著

序

　　書中文章，選自筆者二十年前開始經濟思想史研究後寫的學術論文，多數已發表。茲簡單介紹如下：

　　一、〈從西周時代的社會變革看制度創新思想的歷史意義〉一文，通過對周初統治者在戰勝強大的商王朝之後，成功確立宗法分封、井田、禮樂文化等一系列新的制度，為周王朝鞏固統治和社會發展奠定了堅實基礎這一史實的闡述，論證制度創新的重要意義。

　　二、〈漢武帝時期——中國一體化專制制度的全面確立〉一文，分析漢武帝如何通過在政治上強化中央君主集權的專制主義政治制度、經濟上推行中央集權的財經政策和官營壟斷重要工商業的專制主義經濟制度，思想文化上確立「罷黜百家、獨尊儒術」的專制主義思想文化制度，從而確立了具有中國特色的中央集權專制主義制度模式——一體化專制制度。

　　三、〈論王安石與司馬光義利觀之差異〉一文，分析王安石與司馬光在當時的社會經濟改革中提出的經濟政策和主張，指出王安石具有明顯的法家富國主義色彩，而司馬光遵循的是儒家民本主義的富民思想，二者在其實施的政策措施上的著重點不同，正反映了儒法兩種義利觀的不同。

　　四、〈還歷史本來面目——重新審視日本明治維新〉一文，通過重新梳理發生在日本近代的明治維新，推翻了學界在這一問題上的錯誤認知。指出：明治維新並不是所謂主張進步的維新志士推翻落後保守的幕府政權的革命，而是一場圍繞著開國與鎖國的政治鬥爭。對立

雙方的主角,一方是主張對外開放的幕府政權,另一方則是部分主張復古排外的雄藩武士。這批武士與大權旁落很久的朝廷結盟,最終逼迫幕府「奉還大政」,建立起中央集權的明治政權。由於沒有治國經驗,新政權建立後不久即派出級別很高的岩倉使節團對歐美各先進國家進行全面考察。使節團回國後,日本政府迅速調整政策,全面學習西方,終於走上了近代資本主義道路。

五、〈城民、市民、市民社會與市民主義經濟〉一文,從一個新的角度探討所謂「資本主義萌芽」問題。指出:近代出現的「資本主義經濟」,其本質是「市民主義經濟」。市民主義經濟的產生是由於歐洲近代市民社會的出現,市民社會是由具有不同於傳統封建意識的市民所組成,市民的產生又是由於歐洲中世紀不同與傳統封建城堡的自治城市的出現。中國沒有類似於產生歐洲自治城市所需要的那種社會政治土壤、沒有出現自治城市,因而也就不會出現真正意義上的市民、市民社會、市民主義經濟,也不可能自發進入資本主義社會。

六、〈唯思史觀──人類認識自身何以發展的新的思想方法〉一文,論證與完全憑藉求生本能唯物質地生存在這個星球上的其他物種不同,人類社會的每一次真正意義上的進步和長期繁榮,都是思想解放、文化進步、觀念更新、制度創新的結果。人類脫離自然界、邁入人工界的進程越是加快,與其他本能性發展物種有著本質區別的思創性發展特徵就越加明顯。它表明人類社會的進步和發展是由人類思想(智慧)的進步和發展所推動的,我們將它命名為「唯思史觀(智創史觀)」。

七、〈對二十世紀五十年代臺灣經濟改革的再思考──基於唯思史觀的視角〉一文,運用唯思史觀分析臺灣的經濟改革,涉及三個方面:(一)國民黨大陸統治時期的經濟思想及其惡果;(二)國民黨退守臺灣初期的經濟政策及其惡果;(三)統治精英思想的轉變及其新

經濟政策的實施。得到的啟示包括：（一）改革必須首先解放思想；
（二）精英是推進改革的最大源動力；（三）改革呼喚政府職能的轉
變。

八、〈是什麼推動了人類社會歷史的發展與進步？〉一文，通過
分析唯物史觀與唯思史觀對人類社會歷史發展動因的不同解讀，指
出：唯物史觀認為，階級鬥爭、暴力革命是人類社會發展的動力；唯
思史觀認為恰恰相反，戰爭、暴亂和統治者的錯誤政策所引起的社會
動盪和災禍，阻滯了人類社會正常的生存和發展，只有思想智慧才是
推動人類社會歷史發展的真正動力。

九、〈交換開啟人類文明進步之路——基於唯思史觀的考察〉一
文，運用唯思史觀考察交換及自由貿易對增進人類社會文明與進步的
重要作用，進而為推動發展自由經濟、建設對等開放型世貿體系提供
新的、能夠得到普世認同的理論依據。論述包括四個方面：交換是人
類獨有的能促進並加速精神及物質財富的生產和積累的社會行為；交
換促進了生產及科技、管理水平的提高；交換促進了人類和平；交
換增進了人類文明。

十、〈對未來中國之斷想——基於唯思史觀的思考〉一文，從唯
思史觀出發，對未來中國應如何作新民、是否應引入新教奉為國教、
使華夏文明具有普世價值的可能性、如何通過權重民主制改進中國及
人類制度文明等問題展開思考。

這幾篇論文，雖不夠精緻，但都有新意，而且「接地氣」。

目前，經濟學是「顯學」。然而，什麼是經濟學之「體」？什麼
是經濟學之「用」？爭議還是不小。

馬歇爾之後，數理經濟學迅速發展、成為主流（也有人說是「主
體」）。然而，上世紀美國最重要經濟學家加爾布雷斯尖銳批評道：這
種「體」的最大之「用」，不過是「為經濟學家提供了就業機會」。也

就是說，僅僅迷戀於使用圖標、曲線、方程式、統計數字等數學手段來抽象地描述經濟問題，而不是直面社會實際，用通俗易懂的文字闡述經濟問題的本質，並不能解決實際問題，只會使經濟研究淪為「黑板經濟學」，甚至淪為自欺欺人的學術鴉片──某知名學者就曾用模型「科學」地論證出：中國綜合國力已經「全面超越美國」。

回歸常識，學會用常識及新的思想方法指導包括經濟問題在內的人文學科諸領域問題的研究，是出版這部個人文集的主要目的。是為序。

二〇二〇年初於北師大寓所

目次

從西周時代的社會變革看制度創新思想的歷史意義

　　西元前一○四六年，周武王在牧野之戰中戰勝商紂王，建立起中國歷史上時間最長、歷時八百年之久的周王朝。

　　同夏和商一樣，周人也是遠古時代黃河流域很早出現的部族。《史記》〈周本紀〉記載，周族的先祖棄「好耕農，相地之宜，宜穀者稼穡焉，民皆法則之。帝堯聞之，舉棄為農師」。近年在周原考古發掘中發現了距今三千多年前的陶器、建築瓦、銅鏃和青銅禮器等，以及周人的甲骨文字，這表明周族有自己固有的文化。然而，與剛剛被自己戰勝的商族相比，周人除了農業比較發達外，在文化、手工業生產、經濟實力、軍事潛力，以及在整個中原的政治影響力都遠不及商人。[1]實際上，周克商並不是文明戰勝野蠻、或先進生產力戰勝落

1　以代表當時手工業生產、經濟發展及政治文化最高水平結晶的青銅器製造為例，徐中舒在《殷周文化之蠡測》中指出：「現在我們依據銅器的研究，更得一種消極的論證，就是從沒有發見一件周初大王至武王時的銅器。……假使他們那時文化與殷人沒有什麼差別，為什麼沒有一件銘功的彝器留傳到現在呢？……銅器中既無確可證明為武王以前之物，及成王時遺物的寥寥，我們因此斷定周初文化的幼稚，這也似非過論。」郭沫若在《兩周金文辭大系考釋》中列出的西周青銅器中，最早的也只是武王時期的二器，其中第二器是否屬於武王時期還大有疑問（郭沫若認為此器為武王時期的證據是上面有「克商」二字，但是周公、成王時期都有克商之事，且本器又有「在成師」語，「成師」即成周，則此器應是成王時期製作的）；成王時期的青銅器也只有二十七器。儘管此後又陸續出土了一些周代青銅器，但仍與商人製作的大量精美青銅器形成巨大反差，周人與商人之間經濟、文化上的差距由此可見一斑。

後生產力的結果，而是精明的機會主義者周武王巧妙利用商紂王好大喜功、連年征伐比周人更為強大的對手——東夷而疲憊不堪、無暇西顧的大好時機，精心準備、偷襲得手而已（《左傳》〈昭公十一年〉：「紂克東夷而隕其身。」；《左傳》〈宣公十二年〉：「紂之百克，而卒無後！」），周人時刻面臨著商人捲土重來的危險。周武王非常清楚這一點，所以克商後焦慮得睡不著覺，經常同弟弟周公旦等高級貴族一起，探討鞏固政權、維護周人統治的政治手段。[2]武王死後，商人殘餘勢力發動叛亂，周公平叛後迅速頒布並實施的一系列政治、經濟、文化、法律制度，實際上是以武王為首的西周初期貴族統治集團經過長時間深思熟慮後終於成型的集體智慧的結晶。其中最為核心的是宗法分封制、井田制和禮樂文化制度。

一　宗法分封制——新的政治統治制度

所謂宗法分封制，實際上是宗法與分封兩種制度的結合，即按照宗法制度的規定為各級貴族分土授民並嚴格規定各級貴族間的權利義務關係。宗法制度嚴格區分嫡、庶，確立嫡長子的優先繼承權。嫡長子繼承制是宗法制度的核心，規定先主去世後必須由嫡長子繼位；如果沒有嫡長子，則從嫡妻從嫁之娣所生之子補充；如果沒有這樣純貴族血統的母弟，只好從眾妾所生之子中擇年長者當選；年齡相同者選擇賢者，賢能相同時就由占卜來決定。嫡長子將土地與官職分封給他的兄弟們，將一個國或家變成數個有血親關係的兄弟小國或小家。宗法制度的最大特點，就是統治權力世代血親相傳。不僅王位如此，諸

2　《史記》〈周本紀〉：「武王至于周，自夜不寐。周公旦即王所，曰：曷為不寐？王曰：『……天不享殷，乃今有成。維天建殷，其登名民三百六十夫，不顯亦不賓滅以至今。我未定天保，何暇寐！』」

侯、卿、大夫、士等各級貴族的統治地位都是如此。宗族內分大宗小宗，都以正嫡為宗子。宗子作為本宗始祖的嫡系繼承人，在宗族內享有無上的權力，宗族成員必須尊奉宗子。大宗與小宗緊密團結，形成一個依靠對封邑、采地、祿田上勞動的下級族人（國人）及異族農民（野人）的稅賦而存在的封建統治集團。

這裡需要特別指出的是：宗法制並不是周人原有的一種社會組織制度，而是周初統治集團為適應新的政治統治需要而發明的制度創新。我們可以從史書中清楚地看到這一點。根據《史記》〈周本紀〉的記載，周朝的王業是從周文王姬昌的祖父古公亶父開始奠基的。然而，姬昌的父親季歷，竟是古公亶父最小的兒子！不僅如此，季歷的母親太姜甚至還不是古公亶父的正妻，只是一個妃子。也就是說，季歷既不是長子、也不是嫡子，只是由於老爺子喜歡，老大太伯和老二虞仲才不得不逃亡到當時還非常荒涼的吳地，像當地的土著人一樣「紋身斷髮」，好讓位給小弟季歷。而文王姬昌的母親太任，也同自己的婆婆太姜一樣，是個「賢婦人」即季歷的一個妃子，姬昌本人也同自己的父親季歷一樣，是個非嫡非長的庶出幼子。其實，周人的王位繼承甚至還不完全是父子相傳，而是把王位的繼承權交給親族中最為賢能的成員。武王死後既不將王位交給自己的兒子姬誦，也不交給更為年長的弟弟管叔、蔡叔，而是傳位給小弟弟周公，就是一個很好的證明。

其實，在周文王和周武王的時期，周人還沒有一個成熟的建立新的社會結構的設想。當時的做法，依然是傳統的方國部落聯盟，即包括周邦在內的所有方國，儘管有大小、強弱之分，但在各自統治區內都擁有自己的政治、經濟和軍事權力，各自是獨立的邦國。據《呂氏春秋》〈用民〉：「當禹之時，天下萬國，至於湯而三千餘國。」到周武王克商時，尚有千八百國，是一種小邦林立的局面，還沒有形成統

一的國家。《史記》〈周本紀〉記載，周武王克商以後曾經將神農氏、黃帝、帝堯、帝舜、大禹等古老氏族的後裔進行「褒封」，甚至連商紂王的兒子也被封為管理殷朝遺民的「三監」之一、「以續殷祀」（《史記》〈殷本紀〉），不過是走夏、商時代方國部落聯盟的老路，讓過去依附於商王朝的諸邦改為依附周王朝而已。這種鬆散的政治結盟與統一國家中的君臣關係是不同的。

周代宗法分封制度的真正實施，始於周公平定管叔、蔡叔等發動的「三監之亂」以後。這時周族統治集團已逐步認識到為了鞏固其統治、實現長治久安的政治目的，就必須在新形勢下，改革並構建一種新的社會政治制度，從而確立了宗法分封的政治統治制度，並輔之以一整套新的禮樂制度以保證其貫徹實施。這些新的制度，一部分見於《周官》等史書中，還有很多已經失傳了。

可以說，宗法分封制度的創立和實施是夏、商以來華夏社會政治結構變革的轉折點。史學大師王國維在《殷商制度論》中對此評論說：「自殷以前，天子、諸侯，君、臣之分未定也。故當夏後之世，而殷之王亥、王恆累世稱王；湯未放桀之時，亦已稱王；當商之末，而周之文、武亦稱王。蓋諸侯之於天子，猶後世諸侯之於盟主，未有君臣之分也。周初亦然，於〈牧誓〉、〈大誥〉，皆稱諸侯曰『友邦君』，是君臣之分亦未全定也。逮克殷踐奄、滅國數十，而新建之國，皆其功臣、昆弟、甥舅、本周之臣子；而魯、衛、晉、齊四國，又以王室至親為東方大藩。夏、殷以來古國方之滅矣！由是天子之尊，非復諸侯之長而為諸侯之君。」通俗地說，雖然夏、商、周三個朝代在時間上是有先後順序的，但夏、商、周三個古老的部族卻是同時並存的。它們交替興衰、先後掌握了黃河流域的政治支配權。不同的是，夏、商兩族雖然曾經強大過，並以武力使周圍一些方國部落服屬於自己的統治，向其納貢，接受其軍事調遣，但並不納入其版圖。

每個方國都仍然保有原有的國土人民和政治組織，並不墜命亡名，而是獨立的邦國；而周人確立的宗法分封制，卻是個制度創新——打破了遠古以來方國之間相互政治獨立的格局，通過宗法分封制度建立起一個嶄新的金字塔狀的封建政治格局。它以周王室為中心，連結許多有親緣關係的諸侯國，形成在統一版圖之內的強大統治機體。王與諸侯之間，既有嫡庶姻親之間的宗法關係，又有明確的君臣尊卑關係。他們是同處於統一王國版圖之內、由封建權利和義務結合起來的大小封建領主之間的關係。它已全然不同於過去大小邦國之間的關係。

與傳統的政治制度相比，宗法分封制有兩個非常突出的優點：第一、可以平和地解決繼承權問題。我們回顧一下人類歷史就會發現：古今中外，人們的紛爭很多都與繼承權有關。雖然長子繼承制也有缺陷，但它的出現的確從制度上避免了很多潛在的麻煩，有利於政治穩定。第二、不斷分封的結果，會使在數量上並不占優勢的周人越來越廣地分布到其統治領域的各個角落，建立並鞏固周人的基地，從而更好地保障周王室的政治統治。這就是所謂的「封建親戚，以藩屏周」（《左傳》〈僖公二十四年〉）。

二　井田制——針對異族的土地及賦稅制度

相傳井田制度是西周時代盛行的一種土地制度。後來井田制遭到破壞，到春秋戰國時期，人們已經搞不清楚它的原貌了，以至於不少人甚至懷疑其是否真正存在過。其實，戰國時期的孟子曾經說過：「夏后氏五十而貢，殷人七十而助，周人百畝而徹，其實皆什一也。……惟助為有公田。」又說：「野，九一而助；國中，什一使自賦。……方里而井，井九百畝，其中為公田。八家皆私百畝，同養公田。」（《孟子》〈滕文公上〉）孟子的這兩段話，是我們理解井田制及

其相關賦稅制度的關鍵。孟子的話表明：周人不僅把被統治者分成「國」和「野」兩個大的社會階層，而且對他們分別採取不同的土地及賦稅政策：對於主要由本族及與周人關係較近的部族成員所構成的「國人」，周族統治者採取的是自己傳統的「徹法」，即定期、定量分配給氏族成員部分土地並讓他們交納百分之十的實物稅；對於主要由被征服的殷商遺民及其他與周人關係較為疏遠的部族成員構成的「野人」，則是借鑑了殷人的傳統做法，先將土地劃分成九百畝一塊的「井」，然後每八家農戶分給一井的土地，讓他們各自耕種其中的一百畝作為自己的「私田」，同時共同耕種剩下的一百畝「公田」，秋後將這一百畝公田上收穫的糧食繳納給「公家」——實際上是繳納大約百分之十一的勞役稅。

周族統治者對被征服異族人的剝削與對本族人的剝削相差無幾、並不十分苛刻，這與周初統治者在當時特定歷史條件下產生的「德治」思想有很大關係。前面講過，周族滅商，是以小族勝大族、小國滅大國的空前輝煌的勝利。在勝利面前，周族統治者在無比欣喜的同時，也懷著極大的憂慮。《周書》〈召誥〉說：「惟王受命，無疆惟休，亦無疆惟恤！」《周書》〈君奭〉說：「我受命于疆惟休，亦大惟艱，……丕承無疆之恤！」都表現了克商以後的周族統治者喜憂參半的心情。他們對於能否鞏固已得的勝利，懷有很大的疑懼。因為他們清醒地知道，商王國原是泱泱大國，不僅人口眾多，而且經濟文化的發展水平也高於周族。商王朝軍事上的失敗，並不等於商族國家生存力量的消失。雖然周人把商人的土地和人民併入周王朝統治的版圖之內，但是如果周族對商族採取直接的異族統治，必然要造成商人對周人在心理上和思想上的對立和仇視；如果對此完全依靠軍事和暴力的鎮壓，則只能使矛盾激化和對立加深。為了緩和這種矛盾與對立，周族統治者在政治上一反商代的刑治思想，提出了「德」和「德治」的

概念。德是相對於刑而言，周族統治者所倡導的德治，就是對被征服者採取施恩寬惠的政策，給予一些好處，以便爭取民心，穩定政局，達到鞏固其統治的目的。所謂「德以柔中國，刑以威四夷」，用懷柔的手段對被征服者進行統治。在德治思想指導下，周初統治者對商的舊臣遺民採取了比較寬惠的政治經濟政策。《周書》〈武成〉記載：「天下大定，乃反商政，政由舊。釋箕子囚，封比干墓，式商容閭。散鹿臺之財，發鉅橋之粟，大賚于四海，而萬姓悅服。」就是說，周初統治者不是乘勝掠奪商族的財富，而是以弔民伐罪的名義向商民散發商王聚斂的財物，藉此籠絡民心，表現了周族統治者的政治遠見。

　　與政治上的懷柔思想相結合，周初統治者還提出了裕民惠民的經濟思想。裕民惠民思想大量見諸周初的文誥及一些銘文中。如《周書》〈康誥〉：「汝亦罔不克敬典，乃由裕民。」《周書》〈洛誥〉：「彼裕我民，無遠用戾！」《周書》〈無逸〉：「能保惠于庶民，不敢侮鰥寡，……懷保小民，惠鮮鰥寡。」《大克鼎》：「惠于萬民。」周初統治者總結商紂王窮奢極侈、窮兵黷武，終於失去民眾支持、國破身亡的教訓，認識到民最關心的是自己的切身利益，統治者必須關注民的利益，以贏得民心，才能有效地鞏固自己的統治。所以《周書》〈蔡仲之命〉說：「皇天無親，惟德是輔；民心無常，惟惠之懷。」《周書》〈文侯之命〉說：「柔遠能邇，惠康小民。」希望通過引導民眾生財求富，使之受惠感恩，不生叛逆之心，從而達到鞏固其統治的目的。在中國封建歷史上，減輕徵賦歷來是最為主要的惠民政策之一，周初統治者通過井田制度，將被征服民族的稅賦減輕到與本族人相差無幾的程度，無疑是裕民惠民經濟思想最為直接的政策產物，對西周社會的鞏固和發展起到了非常積極的作用。

三 禮樂文化──增強政治統治效果的制度創新

我國歷史上有「周公制禮」之說。實際上，周初統治者不僅創制了規範新的社會政治結構的各種典章制度，同時還非常重視「樂」的社會功效，並將其與新創制的「禮」結合起來，形成一種新的禮樂文化。周初統治者如此重視禮樂，是有其深刻歷史原因的。

首先，如前所述，周公平定三監之亂後實行的宗法分封制，是中國歷史上政治結構的一次巨大變遷，它使原來各部族方國間相對平等的鬆散的盟友關係，變成了上下依屬的緊密的封建關係。在這種新的政治結構中，王權得到了極大的擴張，王室與各地方諸侯國之間的關係也更加緊密。為適應這種新的政治形勢，需要一整套新的更為詳盡的道德、法律制度，作為統治階級內部各級貴族間處理相互關係的行為規範。「周禮」就是在這樣的背景下產生的。需要特別指出的是：古代的所謂「禮」，不僅是社會生活中的規定和儀式，還包括國家的各種政治、法律制度。正如著名學者章太炎在《檢論》中所講的那樣：「禮者，法度之通名。大別，則官制、刑法、儀式是也。」只是到了秦漢以後，官制、法律同禮的界限才逐漸分明，禮基本上專指「儀式」，與我們今天關於禮的概念比較接近了。

其次，周初統治者禮、樂並重，也是對傳統政治手段更為精緻、更為自覺的運用。我們知道，周禮是貴族階級內部的行為規範。然而，不僅許多貴族階級內部的行為會對全社會產生影響（所謂「君子德風」是也），還有一些行為甚至必須得到人民的理解和擁戴才行。打個通俗的比方：結婚本屬個人行為，現在只需要當事人去有關部門登個記、領取一張結婚證明就已經完成了全部法律手續。然而，在傳統社會中卻不然，需要舉辦一定程式的婚禮，通過一系列複雜的儀式、刺耳的音樂來衝擊人們的各種感官，使結婚變成一件可以給大家

留下深刻印象的事情，似乎只有這樣，兩個人的婚姻才能得到社會的認可。在古代，禮、樂的社會功效，與今天婚禮上的儀式和音樂所起的作用是相似的，都是試圖通過對人們視覺、聽覺的衝擊來「影響」大眾，加深人們對某一事件的理解和認同，從而達到一種社會效果。實際上，這種通過感官刺激來影響大眾的做法，是古今中外政治家們無師自通的一種政治法術。因為對於普通大眾來說，用簡單的具象符號來傳遞一種政治意義，比用複雜的語言、文字表述更直觀、更迅速、更準確，也更容易被大眾所接受。譬如，宗教是一種非常複雜的思想文化，然而在歷史上，人們通過各種繁複的禮儀、高聳入雲的教堂、豐富多彩的聖像和壁畫、優雅動聽的頌曲和鐘聲、莊重素淨的服飾和陳設，通過剃度、齋戒、長途僕拜甚至血淋淋的紋身、血書、割禮等一系列的感官衝擊，把書本上的宗教變成了活生生的宗教、變成了能夠進入人們的想像和情感世界的宗教、變成了能夠為多數人所接受的宗教。同樣道理，歷史上的改朝換代者們通過易幟、改國色（如秦尚黑、漢尚黃）、換裝、留辮子或剪辮子，以及變換國旗、國歌、國徽、興建大型廣場和紀念碑、舉行聲勢浩大的閱兵、集會、文體表演、紀念儀式等一系列「禮樂」活動來全方位地衝擊人們的各種感官、造成影響，目的也是為了把新政權新國家的建立這件大事情深深地留在人們的腦海中，把概念上的國家變成活生生的國家，變成能夠喚起人們的情感和想像、能夠迅速為人們所認同的國家。

周初統治者重視禮樂還有一層政治意圖，就是借助這些複雜的有形禮儀，實現政治統治的倫理化，減少政治統治的制度成本。《三禮》（《周禮》《儀禮》《禮記》）中對人們應該如何穿衣、如何戴帽、如何吃飯、如何站立、如何乘車、如何祭禮、如何娶親、如何敬老、如何慈幼、如何見客、如何朝君、如何謝恩、如何奏樂等一切行為都作出了具體的規範，把所有社會關係都固定成相應的外在儀禮，反映出周

初統治者試圖通過「禮教」手段達到「禮治」效果的政治目的。當時識字的人不多，也沒有發明紙張和印刷，文字只能載於沉重的竹簡和昂貴的絲帛，流傳極為困難。加上沒有權威規定的「普通話」，各國間方言繁多，言語溝通也頗為不便。在這種情況下，社會的文明秩序主要不是依靠文字，而是靠「言傳身教」、靠各種具體的造像活動來宣示和維持的。古漢字中「文明」的文與「紋飾」的「紋」相通，絕非偶然，而是非常清晰地刻畫出社會文明最初的展示形式。

四　結語

《詩經》〈大雅〉〈文王〉曰：「周雖舊邦，其命維新！」周初統治者在戰勝強大的商邦之後，並沒有故步自封，而是迅速確立宗法分封、井田、禮樂文化等一系列新的政治、經濟、文化制度，為以後長達八百年之久的周王朝的統治奠定了制度基礎。回顧歷史，我們不難發現：無論是一個國家還是一個民族，其取得突破性進步的真正原因，既不是物質財富的簡單積累、也不是形而下的器術上的改進，而是文化的進步、思想的解放、觀念的更新，以及由此所產生的一系列制度創新。這種以文化進步、制度創新為中心的人類進步範式，古今中外，概莫能外。從時間上講，我們的近鄰日本搞明治維新晚於中國的洋務運動，其當時的物質生產水平、財富的積累也遠遠落後於中國。然而，與主張「中體西用」即在不改變中國傳統思想、文化、觀念、政治制度的前提下學習西方現代化生產製造技術的洋務派官僚不同，新成立的明治政府首腦們上臺伊始，儘管面對的是一個百業待興的爛攤子，卻還是毅然抽出政府半數以上精英，組成以右大臣、外務卿（相當於副總理兼外交部長）岩倉具視為特命全權大使、包括「維新三傑」中的兩傑木戶孝允和大久保利通在內的大型使節團出洋考

察。使節團先後訪問了美、英、法、德等十二個西方先進國家，歷時二十二個月，終於發現：「東洋各國現行之政治風俗不足以使我國盡善盡美，歐美各國之政治、制度、風俗、教育、營生（經濟制度）、守產（對私有財產的保護意識及制度），無不絕超東洋」，必須「將此開明之風移往我國，以使我國迅速進步至同等化域」。岩倉使節團回國後推出的一系列改革政策中，最重要的，是對西方近代政治、法律和教育制度的全面移植。同時，日本政府擯棄了通過興辦國營工廠實現資本主義工業化的方針，走上了積極扶植私人企業、通過大力發展私人資本主義實現國家現代化的正確道路。[3] 此後，日本綜合國力迅速增強，在不到三十年時間裡，先後打敗清王朝及沙皇俄國，成為名副其實的世界強國。

歷史經驗反覆啟示我們：科技進步的成果必須有先進的制度環境作為保障，而先進的制度必然產生於先進的文化思想。我們只有解放思想、與時俱進、不斷創新，才能夠在世界民族之林競爭中處於不敗之地。

---

3 對這段歷史的詳細分析，請參閱拙作：〈還歷史本來面目——重新審視日本明治維新〉。

漢武帝的政治遺產
──中國一體化專制制度的全面確立

　　漢武帝劉徹，生於西元前一五六年，死於西元前八十七年，在位五十四年。他在秦王朝開始的中央集權制基礎上，進一步在政治、經濟和思想文化等領域裡全面推行一系列專制主義的政策和制度，從而全面確立了世界史上具有鮮明中國特色的專制主義制度模式──我們可以概括稱之為「一體化專制制度」。

一　強化中央君主集權的專制主義政治制度

　　漢帝國建立之初，「漢承秦制」，政治制度基本上是承襲秦王朝的郡縣制，但部分地採取了分封制。漢武帝即位後，著力於推行「強幹弱枝」的中央集權的大一統政策，打擊和排斥分封制，進一步完善郡縣制。在政治領域裡強化以郡縣制為基礎的專制主義中央集權制度。

　　縣、郡的設置，在先秦、春秋時期已有。但與秦漢時期的郡縣制不同，郡、縣之間並無相互統屬的關係。到了戰國時期，縣的設置已較廣泛。秦孝公十二年（前350年），商鞅第二次變法，在秦國普遍推行縣制，把鄉、邑、聚等合併為縣，建置了四十一個縣（《史記》〈秦本紀〉、〈商君列傳〉作「三十一縣」），縣令由國君任免。縣令之下，有掌管民政的縣丞、掌管軍事的縣尉，還設有管理各種事務的嗇夫（如田嗇夫、亭嗇夫等）以及令史等官吏。國家對這些官吏實行定額

俸祿制。縣之下有鄉、里等作為國家對居民進行控制的基層組織單位。郡的設置要較縣為晚。秦穆公九年（前651年），晉公子夷吾（即晉惠公）對秦國使者談到「君實有郡縣」，為秦國設郡的最早記載。而後，晉、趙、吳相繼設置了郡。這一時期郡的地位比縣低，但縣與郡之間並無相統屬的關係。到了戰國時期，隨著邊防設郡之地逐漸繁盛，需在郡下作進一步的劃分；同時，內地的縣逐漸增多，也需要建立起更高一級的管理機構，於是就形成了郡、縣兩級制的地方管理體系。

秦統一後，以中央集權的郡縣制代替了西周時開始的貴族分權的分封制；漢繼秦制，比秦更為嚴整。漢代的太守、令、丞、尉皆由中央任免；守、令以下的屬吏則由守、令任命；下面各亭有亭長、里有里典或里魁、里正，各鄉則設三老以掌教化、設嗇夫以聽訟和收賦稅、設游徼以禁盜賊。

政治上專制主義大一統的加強，需要強化相關法律制度，並建立一套官僚體制及其官僚之培養、選拔、任用、考核、升遷、處分的制度加以維護，同時還需要加強中央軍事力量。茲分述如下：

一、景帝在吳楚七國之亂後，把吳楚等勢力大的諸侯王國分成若干小王國，接著頒布了諸侯王不能自治其國的新法令，即諸侯王只能衣食王國的租稅，無權過問王國一切政事，王國的行政權、官吏任免權歸中央政府。同時廢除王國中的御史大夫、廷尉等官僚機構，降低其官職的秩祿和權限，使諸侯王成為只有爵位而無實權的貴族。

景帝初年，經晁錯更定的律令，從蕭何的九章增為三十章，使法網由簡而繁、由疏而密。

二、武帝繼續景帝實行的削藩政策。元朔二年（前127年），武帝採納主父偃的建議，頒布「推恩令」，規定諸侯王除嫡長子繼承王位以外，其他子弟可在王國中封侯。從而使王國領地進一步縮小，王國

的實力日益削弱，鞏固和加強了中央的統治。元鼎五年（前112年），武帝又以祭宗廟時王侯貢獻的酎金少或成色不足為由，褫奪了一〇六個貴族爵位；又頒布「左官律」，規定諸侯王國的官吏不得在朝內任職，防止諸侯王在中央插手。此後又用法律手段廢除了大批王國和侯國，王國和侯國數目大大減少，原來絕大部分諸侯王的領地已歸中央控制了。

漢武帝為了加強皇權，選用了一批較低的官吏作為皇帝左右的辦事人員。他們對皇帝直接負責，參與朝政，皇帝通過他們來裁決政事。這些人稱為「內朝官」，以與行政系統的「外朝官」相對。這就削弱和取代了朝臣的部分權力，加強了皇帝的權力。

武帝為了加強對地方官吏的考課，分全國為十三部（州），每部由皇帝直接派一名刺史，並規定了「六條問事」的職權：「一曰強宗豪右，田宅逾制，以強淩弱，以眾暴寡；二曰二千石不奉詔書，遵承典制，倍（背）公向私，旁詔守利，侵漁百姓，聚斂為奸；三曰二千石不卹疑獄，風厲殺人，怒則任刑，喜則任賞，煩擾苛暴，剝戮黎元，為百姓所疾，山崩石裂，妖祥訛言；四曰二千石選署不平，苟阿所愛，蔽賢寵頑；五曰二千石子弟怙恃榮勢，請託所監；六曰二千石違公下比，阿附豪強，通行貨賂，割損政令也。」[1]以此對地方官吏進行監督，加強對他們的約束，以便集權於中央。當時各地出現了很多官僚豪強大族，他們肆意侵吞土地，刻剝農民，勾結權貴，結黨營私，在地方上橫行霸道，使中央政府的政令不能推行。武帝任用了一批嚴厲執法的「酷吏」（如張湯、杜周、義縱、王溫舒等）擔任地方長吏，誅滅了一批豪強官僚大地主，從而有效地加強了中央對地方上的統治。

1　〔漢〕班固撰，〔隋〕顏師古注：〈百官公卿表注〉，《漢書》（北京市：中華書局，2000年）。

　　武帝為了加強中央集權，採取了廣開仕途、招攬人才的措施。元光元年（134年）實行察舉制度，令郡國每年舉孝、廉各一人。西元前一三〇年又下令郡國「徵吏民有明當時之務、習先聖之術者」每年遣送至京師，以備選用。元朔元年（前128年），又嚴令各郡國舉薦，如「不舉孝，不奉詔，當以不敬論；不察廉，不勝任也，當免」[2]，從此察舉成為定制。元朔五年（前124年）武帝採納公孫弘建議，為五經博士置弟子員，每年考試，能通一經以上者，可補文學掌故的官缺，成績優異者可任郎中。元狩六年（前117年）令丞相設四科：一曰德行高妙，志節清白；二曰經明行修，能任博士；三曰明曉法律，足以決疑，能案章覆問，文中御史；四曰剛毅多略，遭事不惑，明足照奸，勇足決斷，才任三輔令[3]，以辟舉「異德名士」，經試用確有能力的，就授以各種官位。這些察舉辦法，每年舉行。另外還有不定期舉行的舉賢良，由皇帝出題策問，應舉者在對策中發表政見，提出對策建議。如符合需要，即可得到不同官職，由郎官直至卿相。

　　通過以上措施，武帝選取了一批有才能的人才，武帝依靠他們貫徹政令，有力地鞏固和發展了中央集權的統一國家。

　　三、加強中央軍力。漢兵役制與徭役制結合在一起，男子在二十三歲至五十六歲期間，服兵役兩年，一年在本郡，稱「正卒」；一年在京師，為衛士，或在邊郡為戍卒。另外，男子每年還要服徭役一個月，稱為「更卒」；或在本縣或在外地，叫「踐更」。不願服役的，可納錢三百（一說兩千），使人代役，叫「過更」。

　　漢初，軍力都分散在地方，各地軍事由都尉或王國中尉主管，皇

2　〔漢〕班固：〈武帝紀〉，《漢書》（北京市：中華書局，2000年）。

3　〔宋〕李昉：〈治道部〉〈貢舉〉，《太平御覽》（石家莊市：河北教育出版社，2000年）；另見〔南朝宋〕范曄撰，〔唐〕李賢等注：〈和帝紀注〉，《後漢書》（太原市：山西古籍出版社，2005年）。

帝要發兵時，用銅虎符為驗，無符不得發兵。在皇帝都城內外沒有重
兵。這種軍制不適合武帝加強中央集權的需要，為了加強中央的軍
力，武帝於建元三年（前138年）設期門軍，元鼎六年（前111年）又
創建屯騎、步兵、越騎、長水、胡騎、射聲、虎賁七校尉常駐京師。
七校尉與都統於原有的中壘校尉，合稱八校尉，共約千餘人。太和元
年（前104年）設羽林軍七百人。八校尉和期門、羽林的相繼建立，
京師有了長從募士，加強了中央軍力。

二　推行中央集權的財經政策和官營壟斷重要工商業的專制主義經濟制度

政治上專制主義大一統的加強，需要財政經濟上大一統的加強與
之相配合。它體現在財政賦稅、貿易控制、錢鹽鐵三業官營及酒榷專
賣和均輸、平準的實行。尤其是鹽鐵官營與均輸平準的實行，它與政
治上中央集權相配合，大大加強了中央對財政和全國經濟的控制力度。

西漢建立之初，接手的是秦末戰亂造成的凋敝局面。由於常年戰
亂，百姓流離失所，社會生產力遭到嚴重破壞。當時物資匱乏，連皇
帝都湊不齊四匹同顏色的馬駕車，不少將相出門只能乘坐牛拉的車。
為了恢復社會生產力，把經濟搞上去，西漢從高祖開始到文、景兩代
皇帝，始終貫徹「無為而治」的黃老思想，堅持「與民休息」的經濟
政策，在經濟上儘量減少國家對經濟活動的干預，甚至允許私人從事
煮鹽、冶鐵、鑄錢等獲利巨大、關係到「國計民生」的工商業活動。
同時提倡儉約治國，不鋪張浪費、也不搞耗資巨大的各種工程，努力
減輕百姓的賦役負擔，使百姓能專心從事生產。在黃老思想指導下，
經過幾十年休養生息，到武帝初年，社會經濟已呈現一片空前繁榮的
景象，民生富足，國庫堆滿了財富：「京師之錢累巨萬，貫朽而不可

校。太倉之粟陳陳相因，充溢露積於外」，連普通的守門人也都能飯粱食肉了。然而，自馬邑事件後十幾年連續不斷的對匈奴戰爭、對南方邊疆的開拓、西元前一一九年發生在黃河中下游地區的特大水災，以及武帝本人窮奢極欲的生活，迅速耗費掉了文景兩代積蓄下來的巨大財富，西漢政府開始「財賂衰耗而不贍」。[4]

為解決財政危機，西漢政府開始放棄在經濟領域實行了三代之久的無為政策，試圖通過收回鑄幣權，以及鹽鐵官營、均輸平準等壟斷經濟政策，將部分生產及流通領域中的巨額利潤直接轉化為政府的財政收入。元狩四年（前119年），下令將鹽鐵轉屬大司農管理，規定民間不許再私自煮鹽冶鐵，也不許私自販賣鹽、鐵。具體做法是：全國各地設鹽官，由政府招募鹽戶，供給鹽戶煮鹽的器具，而煮鹽的費用則由鹽戶自己負擔。鹽官收購鹽戶煮出來的鹽並且在市肆設置攤點出售，老百姓只能到這些指定的攤點買鹽。關於鐵器的官營，則是在產鐵的郡縣設置鐵官，共四十八處；又在不產鐵的郡縣設置小鐵官，收鑄舊鐵，鐵器全部由鐵官負責生產和銷售。[5]

西漢政府還大力推行均輸及平準法，進一步加強政府對社會經濟活動的干涉和控制。中央政府命令各地官吏，將所要徵收的貢賦折成當地的土特產品收上來，然後像商賈那樣按貴時的價格運往需要這些物品的地區轉手獲利。這樣政府便部分取代了商人，實行商業官營，從商人手中奪取了大量商業利潤。這就是所謂「均輸」。而「平準」，就是在京師設平準官，接受各地聚積運來京師的貨物，同時令工官製作車輛等運輸工具，隨時準備將這些貨物調運到各地出售。這樣，官府完全掌握了全國主要物資，什麼地方物價高，就將手中的貨物調運到那裡去拋售；同時將價格低的地方的商品收購上來，伺機運到其他

4　〔漢〕司馬遷：〈平準書〉，《史記》（長沙市：嶽麓書社，2001年）。
5　〔漢〕司馬遷：〈平準書〉，《史記》（長沙市：嶽麓書社，2001年）。

地方高價出售。政府這樣做，在壓縮了民間商人獲利空間，使一些小本商人不得不回鄉務農的同時，還可以獲得一大筆（本該由民間商人獲得的）商業利潤，增加財政收入。

鹽鐵官營及均輸、平準制度砸了上百萬行商坐賈的飯碗，暫時緩解了政府的財政危機。然而，這種近似政府統購統銷社會主要生產和生活資料的做法，卻是以加重百姓負擔、給百姓的生活帶來極大不便，以及對社會生產力的巨大破壞為代價的。在古代，鹽和鐵都是關係到人民生產、生活的最為重要的商品。食鹽一由官府壟斷經營，價格即比原來高出許多，結果許多貧民百姓吃不起鹽只能「淡食」甚至乾脆不吃菜；鐵製農具是重要的生產工具，全國各地土質不同，人們的勞動習慣不一樣，因此各地鐵製農具的大小式樣也都不同。政府壟斷鐵器的生產銷售後，統一鑄造出來的鐵器，大都傻大笨粗，不適合百姓使用。如同來自民間的代表「賢良文學」們在鹽鐵會議上說的那樣：「民用鈍弊，割草不痛。是以農夫作劇，得獲者少，百姓苦之矣。」[6]鐵器之所以被鑄造得那麼大、那麼重，是因為只有夠大夠重，才能夠迅速完成「員程」（政府對各級官吏的考核指標）。鐵器官營的弊端還不僅於此。由於只有指定的鐵官才可以售賣鐵器，在窮鄉僻壤的農民要買鐵器就必須翻山越嶺到在各郡縣辦公的鐵官那裡去，耗費額外的人力物力。更不幸的，是往往長途跋涉到了官府，賣鐵器的官吏卻經常不在崗位上，農民買不到急用的農具，耽誤了農時。鐵器官營存在的諸多弊端，直接影響了鐵器的銷量，越來越多的農民乾脆不買鐵器，用木制農具耕田，用手拔草，手腳並用平整土地。鐵官手裡的鐵器賣不掉，創收任務完不成，就對百姓加收賦稅以完成指標，百姓的生活更加艱難了。

在推行壟斷官營經濟的同時，產生了一大批以經營管理官營經濟

6　〔漢〕桓寬：〈水旱〉第三十六，《鹽鐵論》（北京市：華夏出版社，2000年），卷6。

為業的新興官僚階層。他們「攘公法，申私利，跨山澤，擅官市」，「執國家之柄以行海內」，「威重於六卿，富累於陶、衛，輿服僭於王公，宮室溢於制度，并兼列宅，隔絕閭巷，閣道錯連，足以游觀，鑿池曲道，足以騁騖，臨淵釣魚，放犬走兔，隆豺鼎力，蹴鞠鬥雞，中山素女撫流徵於堂上，鳴鼓巴俞作於堂下，婦女被羅紈，婢妾曳絺紵，子孫連車列騎，田獵出入，畢弋捷健」，過著驕奢淫逸的生活。其影響所及，「僭侈相效，上升而不息」，使社會風氣越來越腐敗。百姓感到自己的勞動果實被這些腐敗官員拿走了，「是以耕者釋耒而不勤，百姓冰釋而懈怠」，農民不願種地了。社會滋長奸巧虛偽的風氣，做官即可發財，與壟斷官僚集團相勾結從事商業活動的人能發大財，使得百姓意志渙散，「此百姓所以滋偽而罕歸本也」。[7]

均輸、平準及鹽鐵官營等經濟政策，表面上看是打擊了商人的利益，將他們在經營鹽鐵及其他流通領域中獲得的巨額利潤直接轉化為政府的財政收入，同時避免了直接向百姓加稅。但是，官營經濟政策的實施在沉重打擊了商人的同時，也直接危害了廣大人民的生活及社會經濟的發展。有人以武帝時期「民不益賦而天下用饒」來肯定其壟斷官營經濟政策的做法，其實，暫時「用饒」的只是政府，普通百姓則因為被均輸、平準、鹽鐵官營等堵住了致富的路，變得越來越窮，雖然表面上沒有被「益賦」，但官府壟斷重要工商業造成的經濟蕭條、物價飛漲，以及百姓實際收入的減少，使得原來的稅賦負擔顯得更加沉重，等於是變相增加了稅賦負擔。西漢政權實施壟斷官營經濟政策，雖然可以帶來財政收入的短時期增長，但整個社會的財富總量並沒有因此而增加，而且從長遠來看，政府對社會經濟活動的粗暴干涉會拖經濟發展和百姓致富的後腿，從而縮小政府的稅源，是在挖專制政權自己的牆角。

7　〔漢〕桓寬：〈刺權〉第九，《鹽鐵論》（北京市：華夏出版社，2000年），卷2。

三　確立「罷黜百家、獨尊儒術」的專制主義思想文化制度

在中國歷史上，春秋戰國是思想和文化極為輝煌燦爛、群星閃爍的時期。由於當時天下大亂、禮崩樂壞，群雄並起、政治多元，出現了諸子百家彼此詰難、相互爭鳴的盛況空前的學術局面。在學術自由的環境中，學者們敢於衝破舊傳統的思想束縛，大大促進了學術的創新和發展。結果迎來了中國歷史上第一個思想大解放時代──戰國時期的「百家爭鳴」。可以毫不誇張地說，影響中國後來兩千多年歷史的各種文化思想，都直接源於那個時代。

戰國末期，秦國相國呂不韋組織賓客，撰寫《呂氏春秋》一書，試圖綜合先秦諸子百家思想之精華，建立一個貫通天人、古今的學術體系，建立秦國的官學；秦王朝建立後，又創立博士制度，試圖綜合前代學術成果，建立天下一統的新官學。然而，由於戰國以來百家爭鳴的學術傳統與秦王朝的君主專制主義思想之間根本性的衝突，導致秦王朝「焚書坑儒」，企圖以極端化的法家學說來統一學術思想。出於專制統治需要，秦王朝頒「挾書令」，在全國範圍內實行以吏為師、嚴禁私學的文化專制政策，春秋戰國以來形成的新的思想文化學傳統遭到了極大破壞。

漢初，由於社會經濟遭到嚴重破壞，統治階級所面臨的主要任務是恢復生產，穩定統治秩序。因此，在政治上主張無為而治，經濟上實行輕徭薄賦。在思想上，主張清靜無為和刑名之學的黃老學說受到重視。

武帝強化中央君主集權的專制主義統治，而專制主義政治統治需要有專制主義的思想文化作為前提和保證。董仲舒提出的「今師異道，人異論，百家殊方，指意不同，是以上亡以持一統，法制數變，

下不知所守。臣愚以為：諸不在『六藝』之科、孔子之術者，皆絕其道，勿使並進。邪辟之說滅息，然後統紀可一，而法度可明，民知所從矣！」[8]就是適應這種需要，主張用儒學的思想理論來統一思想、制度，以利於鞏固大一統的政治需要。

董仲舒以儒家思想為基礎，吸收了黃老思想、法家思想、陰陽家思想。它否定了法家強調法治、以吏為師、不要文教德治的片面性，吸收了它的集權專制和注重刑、法的思想；否定了黃老思想消極無為、忽視人的主觀能動性的片面性，吸收了它的自然觀及陰陽刑德思想，成為最適合於當時鞏固專制主義大一統需要的思想文化體系。在《春秋繁露》中，董仲舒為中央集權的君主專制主義思想創立了一整套理論，如：「立義以明尊卑之分，強幹弱枝以明大小之職」——大一統必需建立在強幹弱枝、君尊臣卑的基礎上；「君人者，國之元」，「國之本也」，「夫為國，其化莫大於崇本，崇本則君化若神」——神化君權是為國之本；「人受命於天」，「命非聖人不行」——人的命運就是要聽從統治者的安排；「天地之大義」、「天地神明之心⋯⋯唯聖人能見」——一般人民只需要按聖人的指示去做，就能避免過錯了，無需追問其所以然，因為一般人不能知道天意；「唯天子受命於天，天下受命於天子」，「受命之君，天意之所予也」，「善皆歸於君，惡皆歸於臣」，「天子受命於天，諸侯受命於天子，子受命於父，臣妾受命於君，妻受命於夫。諸所受命者，其尊皆天也。雖謂受命於天，亦可」。「父者，子之天也」，「子不奉父命，則有伯討之罪⋯⋯妻不奉夫命則絕」！總之，董仲舒認為思想統一了，才能有統一的法度，人民才能有統一的行為準則，這樣才能鞏固和維持君主集權制度。用思想上的大一統來鞏固政治上的大一統，是董仲舒獨尊儒術、以儒家經學

---

8 〔東漢〕班固：〈董仲舒傳〉，《漢書》（北京市：中華書局，2000年）。

統一整個社會指導思想的現實理由。董仲舒認為，思想統一必須統一於《六經》，而《六經》最權威、正確的解釋權，則屬於以孔子為祖師的儒家學派。

漢武帝採納了董仲舒、公孫弘等儒家學者的建議，「罷黜百家，獨尊儒術」，於元朔五年（前124年）在京城興建宣揚儒家經學的太學，用儒家五經為課程，置五經博士（太學的教師，以教學為主，但「國有疑事，掌承問對」），又為博士設弟子員五十人，學習儒家經典，並根據成績高下補郎中、文學、掌故；吏有通一藝者，則選拔擔任重要職務。此後，公卿、大夫、士吏都為文學之士，通曉儒家經典成為做官食祿的主要條件。自此，儒家學派所宣揚的《詩》、《書》、《禮》、《易》、《春秋》等典籍被尊崇為「經」，不僅學校以經學為教材，實行「尊孔讀經」；而且皇帝為倡導研究經學，往往親自召集經學討論會。儒學由先秦諸子學之一變成了獨尊之學，成為凌駕於學術界之上的新官學。

太學的設置首開了我國歷史上「學而優則仕」的正規途徑。它將儒家學說制度化，把人才的教育、考察、任用結合起來，奠定了中國進入全面專制後文官制度的基礎。

在中華文明初期，夏、商、周三代實行的是血緣宗法統治，家族的地位決定權力的大小；春秋、戰國以降，舊制度解體，士階層興起，諸子百家爭鳴，各國諸侯競相招攬賢才以富國強兵，官吏主要來自軍功之士和智能之士，但尚未形成系統的人才選拔制度。秦漢大一統社會形成後，舊的宗法貴族政治潰滅，新的官僚政治體制逐漸形成，人才與官吏的選拔便成為當務之急。秦始皇以法為教、以吏為師，人才就是通曉法律和時政的人。漢初承襲秦朝的制度，又增加了力田、孝廉的人才選拔制度，這些還主要是從德行上考慮的。自從漢武帝確立儒家經學的獨尊地位後，經學便對人才、官吏的選拔產生了

巨大影響。因為博士官既是政府官員，又是太學教師，他們是國家政治指導思想的解釋者，在國家的政治決策上常常起著重要作用；而跟隨博士在太學學習的大量博士弟子就是政府的預備官員，對於社會的巨大影響不言而喻。武帝還推廣蜀郡太守文翁的經驗，「令天下郡國皆立學校官」，不僅大大推動了郡國教育事業的發展，也為中央集權政府加強思想統治提供了一個更為有效的統治工具。

四　中國特色專制主義的制度模式（一體化專制制度）及其歷史意義

　　一、中國專制主義政治制度自秦始皇建立。但秦速亡，政體本身不完善，經濟與思想文化制度更不完善。尤其在思想文化方面，完全推行法家政策，赤裸裸的暴力統治，嚴刑峻法，打擊和排斥儒家思想；經濟上苛徵暴斂，激化了階級矛盾和社會矛盾，導致迅速覆亡。漢初吸取秦亡教訓，實行簡政寬刑，逐步吸納儒家思想。但「馬上得天下，馬上治天下」的傳統法家思想文化仍存在，故「漢承秦制，循而未改」，在政治經濟體制、思想意識形態深處，仍一脈相承，在政治體制上甚至倒退實行部分分封制。至景帝時，經吳楚七國之亂，才著力打擊諸侯王勢力，至武帝較徹底解決了政治體制問題。武帝時為適應專制主義政治體制的需要，在經濟制度和思想文化制度方面，作了一系列中央集權化的改革：通過財政經濟政策，把民間財力和經濟資源盡可能地集中到中央政府手裡；在思想文化方面，董仲舒在儒家思想基礎上，吸收了陰陽家、道家和法家思想，創造了適應大一統專制主義中央君主集權需要的新儒家思想，即「外儒內法」的思想體系。它從天人關係、君臣關係、君民關係，以及君臣、父子、夫婦倫理關係等方面論證了君主集權專制的必要性、必然性和合理性。創立

這樣一套思想文化體系，完全適合於「內多欲而外施仁義」（汲黯對武帝的批評）君主專制的需要。

武帝時全面確立的政治、經濟和思想文化制度方面的專制主義制度模式，一直貫穿於此後兩千多年中國專制社會，成為具有中國特色的專制主義制度模式——我們可以概括稱之為「一體化專制制度」。這種專制政治體系在董仲舒引神權入君權的新儒家思想支撐下不斷自我強化，成為一種包羅萬象、可持續發展的怪胎並逐漸深入人心，由最初的專制者的意志演變成為一種集體無意識、成為國民性的一部分。它束縛了人們的思想，使社會發展逐漸喪失了應有的活力，這是中國兩千年專制社會長期停滯不前的真正原因。

二、西方封建社會是兩個中心，即政權與神權相分離，國王與教皇各成統治系統、不相統屬；而中國專制社會中只有皇權一個中心，因此它能夠並必然形成高度專制主義的統治權力中心的特點。中國的皇權本身不是神權，它不是政教合一，但它又假託於神權，具有思想統治的功能，是最高思想的權威，有選擇和左右宗教的權能。而在西方封建社會，最高思想統治的權威是教皇，國王無權選擇宗教和教皇；神權與王權相抗衡，有時教皇比國王還要強大。西元一〇七七年，得罪了教皇格里高利的德國皇帝亨利四世被迫身穿破爛的衣裳、千里迢迢前往羅馬，向教皇請罪懺悔；教皇讓他在雪地裡站了整整三天，第四天才赦免了他的「罪過」。這在中國人看來是無法想像的。因為在中國，專制皇權具有決定宗教命運的絕對力量，包括宗教領袖在內的所有教徒也都認可這種權力——早在東晉時代，佛教領袖道安就明確宣佈：「不依國王，則法事難立。」[9]歐洲政權與神權的二元分離及其相互間的長期抗衡，造就了其政治上多元化的空間；各種政治

---

9 〔南朝梁〕慧皎：《高僧傳》（北京市：中華書局，1992年），卷5，〈道安傳〉。

力量相互角逐，在客觀上為歐洲整體的進步提供了更多的可能。

眾所周知，在經濟市場，競爭能夠為消費者提供物美價廉的商品，而壟斷只會逼迫消費者接受質次價高的商品；同樣道理，在政治市場，政治上的壟斷（專制）同樣會使人民因為失去了選擇的權利而被迫接受質次價高的政治產品（政府服務）。中央集權專制制度在世界許多國家和地區都曾經出現過。然而，中國的中央集權專制制度，經過武帝在政治、經濟、軍事、思想文化等各方面進一步的強化，成為一種制度完備、生命力頑強、綿延兩千年不絕的專制主義制度模式，這在人類歷史上是空前的。這種一體化專制制度不僅對中國、而且對東亞以及整個世界都產生了深遠的影響。武帝留下的這份沉重的政治遺產，值得我們反覆思量。

論王安石與司馬光義利觀之差異

　　西元九六〇年，趙匡胤（宋太祖）代後周稱帝，國號宋。經過唐末五代十國長時間的割據動亂之後，中國又重新實現了統一。

　　宋代自真宗以後，社會矛盾日趨激化，內憂外患進一步加深。到仁宗時，積弱積貧的形勢更加嚴重。冗兵數十萬而不能禦敵，被迫納幣結和，以求苟延殘喘；冗官滿朝，形成「紆朱滿路，襲紫成林，州縣之地不廣於前，而官五倍於舊」[1]的吏治腐敗現象。兵費占了財政支出的十分之八，加上龐大的官俸、政費及王室的奢靡揮霍，財政危機日深。慶曆年間，入不敷出已達三百萬緡以上。積弱積貧的時勢，加深了士大夫們的憂患意識。朝中有識之士，積極主張革弊圖新，至仁宗時，改革的呼聲越來越高，改革思變形成為一種時代思潮和勢在必行的趨勢。

　　仁宗去世後，繼位的英宗，是一位有志於改革積弊、振興朝政的新君，但他在位僅四年就病逝了。繼位的是年僅二十歲的神宗，他頗有改革雄心，即位不久就先後於五日內下詔將王安石、司馬光二人遷升翰林學士，準備委以改革重任。恰恰正是這兩人，成了中國十一世紀一場變法與反變法鬥爭中對立的兩員主將。

　　王安石（1021-1086）字介甫，江西臨川人。仁宗慶曆二年（1042）進士，歷任地方州縣官十餘年，在所任地區推行一些改革措

1　〔宋〕宋祁：〈上仁宗論三冗三費〉，趙汝愚：《國朝諸臣奏議》（北京市：國家圖書館出版社，2004年），卷101。

施，頗有成效。嘉佑二年（1058）上萬言書，主張改革，神宗熙寧年間（1068-1077）兩次出任宰相，主持變法。遭到反對派強烈反對。罷官後，退居江寧（今南京），封荊國公，卒年六十五歲。

司馬光（1019-1086）字君實，陝州夏縣（今屬山西）人，寶元進士。仁宗末年任天章閣侍制兼侍講知諫院。神宗即位，任翰林學士。神宗用王安石行新政，他極力反對。熙寧三年（1070）出知永興軍，後退居洛陽，編撰《資治通鑑》。哲宗即位，召拜門下侍郎，主持朝政，盡廢新法，為相八月而病逝。

王安石與司馬光都是當時的名士，聲望很高。相互間詩詞酬唱，私交甚篤。變法前，兩人在變革時弊的原則上並無大分歧，都曾上書要求改革。但兩人在如何改革、改革的指導思想、改革的方法與目標上，存在著重大的分歧。特別是在有關理財的一系列方針政策上，由於義利觀的不同，形成相互對立。因此，一旦登上改革的舞臺，立即對壘為陣，勢不兩立。

首先，在如何理解和對待義與利的關係上，王安石與他的同時代前輩學者李覯一樣，是個功利主義者。他們兩人都十分推崇《周禮》一書，都從功利主義的立場出發，把《周禮》說成是一部為國理財的大典，用它來反對儒家正統的義利觀。李覯對儒家的諱言利欲進行了尖銳的批判，指出：「人非利不生，曷為不可言？」「欲者人之情，曷為不可言？」[2]他從「治國之實必本於財用」[3]的立場出發，大講言利之必要。由於李覯是位畢生從事學術的學者，他只能把他的功利思想，寄望於「聖賢之君，經濟之士」。而王安石則不同，他是一位主政的改革家，他站在執政者的立場，把他的功利主義義利觀，作為一切經濟政策的指導思想和理論依據，公開宣稱：「政事所以理財，理

2　〔宋〕李覯：〈原文〉，《李覯集》（北京市：中華書局，2011年），卷29。

3　〔宋〕李覯：〈富國策第一〉，《李覯集》（北京市：中華書局，2011年），卷16。

財乃所謂義也。」[4]他以《周禮》為據，說：「一部《周禮》，理財居其中，周公豈為利哉！」[5]他在理論上把理財與牟利區分開，認為理財是為國、為天下人的公利，不是為滿足私欲：「為天下理財，非所以佐私欲。」「為天下理財，不為征利。」[6]正是在這個意義上，為國理財所講的「利」，也就是《易經》所說：「利者，義之和。」所以王安石說：「義，固所以為利也。」[7]意思是說，義本來也就是利。有的學者把「義固所以為利也」理解為「義是為利服務的」，恐非本意。因為王安石這裡是說的義，實質是利國利天下之利；這樣的利，實質也就是義。所以他又說：「聚天下之人，不可以無財；理天下人之財，不可以無義。」[8]也就是說，合乎義的理財，必須是為國、為天下人而理財；如果理財只是為滿足私欲，則就不合於義了。所以他一再向神宗說：「至於為國之體，摧兼并，取其贏餘以興功利，以救艱阨，乃先王政事，不名為好利也。」[9]又說：「今陛下廣常平儲蓄，抑兼并，振貧弱，置官為天下理財，非以佐私欲，則安可謂興利之臣乎？」[10]王安石這些對義利關係的解釋，在理論層面上，與儒家傳統的以公利為義、公利重於私利的義利觀，並無明顯矛盾。如果只此而

4　〔宋〕王安石：〈答曾公立書〉，《臨川先生文集》（北京市：國家圖書館出版社，2018年），卷73。

5　〔宋〕李燾：〈熙寧五年十一月丁巳〉，《續資治通鑑長編》（北京市：中華書局，2004年），卷240。

6　〔宋〕王安石：〈答司馬諫議書〉，《臨川先生文集》（北京市：國家圖書館出版社，2018年），卷73。

7　〔宋〕李燾：〈熙寧四年正月〉，《續資治通鑑長編》（北京市：中華書局，2004年），卷219。

8　〔宋〕王安石：〈乞制置三司條例〉，《臨川先生文集》（北京市：國家圖書館出版社，2018年），卷70。

9　〔宋〕李燾：〈熙寧五年十一月丁巳〉，《續資治通鑑長編》（北京市：中華書局，2004年），卷240。

10　〔清〕徐松：〈食貨〉，《宋會要輯稿》（北京市：中華書局，2014年）。

言，它與司馬光的義利觀並無根本的矛盾。雖然司馬光是個具有儒家
正統義利觀色彩較濃的大儒，曾說過「彼誠君子耶，則固不能言
利」，並一再指責王安石「聚文章之士及曉財利之人，使之講利」。[11]
似乎是滿口貴義賤利，「非道德教化則不出諸口」的迂儒。實際並非
如此。他也講：「凡民之情，見利則趨之。」[12]並不諱言人性好利。對
於國家理財則更是十分關心。他的長達五千多字的《論財利疏》，講
的都是關於理財道理，他甚至一再批評當局不重視理財，致使財政機
構設置不當，所任官吏偷安苟且，不懂得理財：「有以簿書為煩而不
省，有以錢穀為鄙而不問」，致使「今日之廣大安寧，財用宜有餘而
不足」。[13]因此他認為必須大力強化對財政工作的領導，並建議設置總
計使之官，由宰相親自擔任，「凡天下之金帛錢穀，隸于三司及不隸
三司，如內藏、奉宸庫之類，總計使皆統之」。總計使所有下屬官
員，「皆委總計使察其能否，考其功狀，以奏而誅賞之」，做到「不祿
無功，不食無用」。[14]他特地指出，宰相必須是要善於理財，而不是只
知坐而論道的人：「議者以為宰相論道經邦，燮理陰陽，不當領錢穀
之職，是皆愚人不知治體者之言。」還舉例說：「《周禮》冢宰以九
職、九賦、九式、九貢之法活財用，唐制以宰相領鹽鐵、度支、戶
部。（宋）國初亦以宰相都提舉三司、水陸發運等使，是則錢穀自古
及今，皆宰相之職也。」「豈有食貨國之大政，而謂非宰相之事
乎？」他批評那些反對宰相經理財政的人說：「必若府庫空竭，閭閻

11 〔宋〕司馬光：〈與王介甫書〉，《溫國文正司馬公文集》（上海市：商務印書館，
　　1912年），卷60。

12 〔宋〕李燾：〈熙寧五年十一月丁巳〉，《續資治通鑑長編》（北京市：中華書局，
　　2004年），卷240。

13 〔宋〕司馬光：〈論錢穀宜歸一劄子〉，《溫國文正司馬公文集》（上海市：商務印書
　　館，1912年），卷51。

14 〔宋〕司馬光：〈論財利疏〉，《司馬光奏議》（大同市：山西人民出版社，1986年），
　　卷8。

愁困，四方之民流轉死亡，而曰我能論道經邦，變理陰陽，非愚臣之
所知也。」[15]為了培養和提高財政官員的素質和能力，他建議把「善
治財賦，公私俱便」列為十科舉士之一。[16]由此可見，司馬光對理財
的重視，並不稍遜於王安石。

　　王安石與司馬光兩人雖都重視理財，也都認為要以義理財，但由
於兩人對理財的出發點和目標有著根本的差異，因此，兩人心目中的
「義」是不同的。王安石理財的根本目標是「富國」，即解決國家的
財政危機，達到國家財用充裕。他的「以義理財」的論點，即是以實
現「富國」為義，並為實現富國這一目標服務的。因此他的義利論，
具有明顯的服務於維護和鞏固專制君主統治的法家功利主義的色彩；
司馬光則認為，理財的根本目標在「富民」，他信奉儒家「百姓足，
君孰與不足」的理論，因此他的義利論，具有濃厚的儒家民本主義的
色彩。如果把兩人義利觀落實到變法過程中對具體各項政策措施所持
的觀點，就可以清楚地看出其不同。

　　王安石說他的理財原則是「取天下之財，以供天下之費」[17]，目
標是「民不加賦而國用饒」。[18]「國用饒」是目的，「民不加賦」是為
達到目的所設計的理想方式。王安石認為，達到「國用饒」的最好辦
法，是在不加賦的情況下，通過「摧抑兼併」，把原來兼併之家的財
富和權利，轉移到國家手中。如均輸法，通過官府，以「徙貴就賤，
用近易遠」的辦法，對物資加以徵收和購買，由國家權衡貴賤，調劑

15 〔宋〕司馬光：〈論錢穀宜歸一劄子〉，《溫國文正司馬公文集》（上海市：商務印書
　　館，1912年），卷51。

16 〔元〕脫脫：〈選舉志六〉，《宋史》（北京市：中華書局，1977年），卷160。

17 〔宋〕王安石：〈上仁宗皇帝言事書〉，《臨川先生文集》（北京市：國家圖書館出版
　　社，2018年），卷39。

18 〔宋〕司馬光：〈八月十一日邇英對問河北災變〉，《溫國文正司馬公文集》（上海
　　市：商務印書館，1912年），卷39。

有無，「稍收輕重斂散之權，歸之公上」[19]，既打擊了富商大賈，政府亦取得了商業利潤。又如青苗法，通過官府向城鄉居民發放貸款，既打擊了私人高利貸，政府亦可收取利息，以增加財政收入。又如免役法，把原來各種人身徭役，改為交納免役錢，由官府雇人代役。原來享有免役特權的官戶及不服徭役的坊郭戶、未成丁戶、單丁戶、女戶、寺院戶等，也都要交納數目不等的助役錢，既裁取了「仕宦兼併能致人言之豪右」，政府亦收得了相當可觀的收入。又如市易法，由政府開設市易務，召諸行鋪牙人充本務行人、牙人，為外地來的商客做買賣服務，從而打擊了壟斷市場貿易的大商人，而市易務通過賤買貴賣，廣收贏餘。此外還有農田水利法、方田均稅法、保馬法等等。通過以上種種新法，官府利門大開、財源滾滾。如青苗取息，僅熙寧六年（1073）一年就收息兩百九十二萬貫，次年達三百萬貫。王安石稱青苗法「公家無所利其入」[20]，當然是欺人之談。又如免役錢，據《宋史》〈食貨志〉載，僅元豐七年，免役緡錢歲計一千八百七十二萬九千三百，場務錢五百〇五萬九千，穀帛布匹九十七萬六千六百五十七，市易息錢並市利錢，總數一百三十三萬兩千緡有奇。同時各州縣歲收也大大增加：「錢票積於州縣者，無慮數十百巨萬，如一歸地官以為經費，可以支二十年之用。」[21]據蘇轍說：「民間出錢免役，又如常平息錢，官庫之錢其貫朽而不可校，民間須錢搜索殆盡。」[22]通

19 〔宋〕王安石：〈乞制置三司條例〉，《臨川先生文集》（北京市：國家圖書館出版社，2018年），卷70。

20 〔清〕徐松：〈食貨〉，《宋會要輯稿》（北京市：中華書局，2014年）。

21 〔宋〕畢仲遊：〈上門下侍郎司馬溫公書〉，《西台集》（上海市：商務印書館，1935年），卷7。

22 〔宋〕李燾：〈元佑元年五月乙丑〉，《續資治通鑑長編》（北京市：中華書局，2004年），卷377。

過新法的實施，達到了「中外府庫，無不充裕」[23]的程度。「國用饒」的目標，可以說是達到了。不過這種號稱「不加賦」的「富國之術」，卻被司馬光稱為「其害有甚於加賦」。[24]這又是為什麼呢？

我們不難發現，王安石的上述「富國之術」，基本上不是通過增加生產而是通過「以其道而通其變」即通過財富的再分配而獲得的。首先是對社會上層的大官僚、大地主、富商大賈採取一系列「抑兼併」的辦法剝奪其部分財富。如青苗法剝奪民間高利貸者的取息之利，並使他們承擔年息百分之四十至百分之六十的強制性國家貸款；免役法使原有免役特權的形勢之家和寺院地主也按等第納錢，上等富戶則是要交納「七倍於昔日」的錢；均輸市易法剝奪了大商巨賈壟斷市場控制物價的特權，使他們失去大量商業利潤；方田均稅法使隱田漏稅、多占田少納稅的地主大戶被迫多上稅。總之，新法把社會上層富裕層的財富的一部分轉移到了國家手中，在一定程度上起到了打擊富商豪右兼併勢力的作用。但是，受損害更嚴重的卻是下層百姓。無論是青苗法、免役法，還是均輸法、市易法等，對農民和中小商人的打擊都十分突出。因為他們的經濟力量本身就很脆弱，缺乏承受打擊的能力。據記載，青苗法對貧苦農民來說，「雖兼併之家乘饑饉取民利息，亦不至如此重」，以致被迫「殺牛賣肉，伐桑粥薪」，或伐木拆屋，「鞭笞縲絏，唯恐不違，婦子皇皇，如在湯火之中，號泣呼天，無復生望」[25]，形成對下層百姓的嚴重侵剝。新法雖對官僚豪右有所打擊，但同時也嚴重侵害了下層貧苦百姓的利益。其最終失敗，這也是重要原因之一。

---

23 〔元〕脫脫：〈安燾傳〉，《宋史》（北京市：中華書局，1977年），卷328。

24 〔宋〕李燾：〈元佑元年五月乙丑〉，《續資治通鑑長編》（北京市：中華書局，2004年），卷377。

25 〔宋〕司馬光：〈奏為乞不收未折青苗錢〉，《溫國文正司馬公文集》（上海市：商務印書館，1912年），卷44。

　　王安石通過新法實現了「取天下之財」，然而這些財又是怎樣用來「供天下之費」的呢？首先是關於「三冗」。當時朝廷內外，對於「三冗」影響財政危機，已是普遍的共識，而王安石獨不以為然。他在《萬言書》中說：「臣雖愚，固知增吏祿之不足以傷經費也。」在他主政後，吏祿激增。熙寧三年（1070）「京師諸司歲支吏祿錢三千八百三十四貫二百五十四」，至熙寧八年（1075）「歲支三十七萬一千五百三十三貫一百七十八」，[26]五年增長近百倍。《宋史》〈食貨志〉稱：「時主新法者皆謂吏祿既厚，則人知自重，不敢冒法，可以省刑。然良吏實寡，賕取如故。」關於「冗兵」，「國家所費十之七八」，是財政開支最大的一項，司馬光力主「務精不務多」，而王安石認為「兵省非所先」，因為兵多有利於抗敵，「以眾抗彼寡，雖危猶幸全」[27]，兵多總比少好。「冗費」則主要是王室的奢靡支出。朝臣普遍要求減省。歐陽修說：「今大禮之政，不勞之賞，三年而一遍，所賞八、九百萬，有司不敢緩月日之期。」[28]司馬光極力要求「節省冗費」並主張「當自貴近為始」，並以自己作表率，辭退皇帝的一切賞賜。王安石卻說：「國家富有四海，大臣郊賚所費無幾，而惜不之與，未足富國，徒傷國體。」慷國家之慨，尤其是王室婚喪等「賞賚之費，動以萬計」。[29]雖然王安石曾在《風俗》一文中說：「以有時之財，有限之力，以給無窮之費，若不為制，所謂積之涓涓，而泄之浩浩，如之何使斯民不貧且濫也。」似乎也很主張節約費用。但當面對皇帝及宗室顯貴的奢侈索求時，卻完全改變了態度。據史載，老宮人

<hr>

26　〔宋〕沈括：〈官政〉，《夢溪筆談》（上海市：上海書店出版社，2003年），卷12。

27　〔宋〕王安石：〈省兵〉，《臨川先生文集》（北京市：國家圖書館出版社，2018年），卷51。

28　〔宋〕歐陽修：〈本論〉，《歐陽文忠公全集》（鄭州市：河南人民出版社，2018年）。

29　〔宋〕李燾：〈嘉佑六年七月乙亥〉，《續資治通鑑長編》（北京市：中華書局，2004年），卷194。

對神宗說，祖宗時妃嬪、公主月俸至微，歎其不可及。王安石獨曰：
「陛下果能理財，雖以天下自奉，可也。」[30]又如，當神宗「稱羨漢
文帝惜百金以罷露臺」時，王安石卻說：「陛下若能以堯舜之道治天
下，雖竭天下以自奉不為過，守財之言，非正理。」[31]這與他所說的
「為天下理財，非所以佐私欲」是完全相背的。王安石所謂的「以義
理財」的目標是「富國」，而所謂「富國」，即是滿足君主及其財政的
需要。在這裡滿足君主的私欲與解決國家財政的需要，同是理財的目
的，國與君完全等同了起來。而有時為了實現這個目標，甚至可以置
百姓苦難於不顧。有一次，宋神宗聽到反映民間怨苦新法，擔心對百
姓的剝削太重，為此詢問王安石。王安石對此竟毫不介意的回答說：
「祁寒暑雨，民猶怨咨者，豈是顧也。」意思是說，老百姓對天寒下
雨也還有怨言哩，有什麼大驚小怪的。神宗聽了反駁說：「豈若並祁
寒暑雨之怨亦無邪。」[32]意思是說，要是百姓對天寒下雨亦無怨言，
豈非更妙？對此王安石心中不快，就稱病在家了。這說明王安石是把
民利服從於君利的，為了富國，是可以犧牲百姓利益的。

司馬光根據儒家的義利觀，認為理財首先要考慮的是「養」，即
財富的生產和財源的培養，然後才是「取」，而且只取「其所有餘」。
司馬光說，現在農民生活太苦：「公私之債，交爭互奪。」租稅也很
重：「本朝二稅之數，視唐增至七倍。」「又況聚斂之臣，於租稅之
外，巧取百端，以邀功賞。」加上徭役繁苛，「民被差役，如遭寇
虜」，所以農民「常受饑寒」。[33]司馬光一方面主張積極鼓勵農民發展

30 〔宋〕邵伯溫：《邵氏聞見錄》（上海市：上海古籍出版社，2012年），卷4。

31 〔元〕脫脫：〈楊時傳〉，《宋史》（北京市：中華書局，1977年），卷428。

32 〔宋〕江少虞：《涑水記聞宋朝事實類苑》（上海市：上海古籍出版社，1981年），
卷5。

33 〔宋〕司馬光：〈乞省覽農民封事劄子〉，《溫國文正司馬公文集》（上海市：商務印
書館，1912年），卷48。

生產,「令民能力田積穀者,皆不以家資之數」,使得「百姓敢勞生計,則家給人足」;另一方面要減輕農民的負擔,「其所以養民者,不過輕租稅、薄賦斂、已逮負也」。主張輕徭薄賦,反對竭澤而漁:「厭其源,開其瀆,其竭可立而待也。」他比喻說:「夫伐薪者,刈其條枝,養其根,則薪不絕矣;若并根本而伐之,其得薪豈不多哉,後無繼矣。」[34]所以他的取財原則是「徐取之」,不要急功近利。他在提倡「養之有道」的同時,十分重視「用之有節」,特別強調統治者要節儉,尤其要從最高統治者自身做起,樹立儉約的表率,形成儉約的風氣。他把節儉作為解決財政困難的重要措施之一,「多求不如省費」,所以他很重視解決「三冗」問題,並為此提出了一系列政策措施。但在當時侈靡成風的朝廷上下,他的節儉思想是很難行得通的。他自己就說:「獨臣有此愚見,他人皆不以為然。」[35]但是從財政原則來看,他的發展生產以開源、節約支出以節流的思想,還是正確的。只是當時神宗傾心於王安石的「民不加賦而國用饒」,即通過再分配社會財富來開闢財源的方法,期望新法很快取得豐裕財政的效果。

這裡也要指出,在王安石的「取財」途徑與方式中,也有通過發展生產以增殖財源的思路。他也很重視發展農業生產,但他明白,這是一條見效很慢的道路,無法滿足神宗急切解決財用困難的要求,因此不得不把重點放在通過「抑兼併」、再分配社會財富的方式,實現「民不加賦而國用饒」。司馬光對此持堅決反對的態度,他認為「民不加賦而國用饒」是桑弘羊的欺人之談,不過是他通過政權的力量掠奪富商大賈的財產,進行社會財富再分配,把財富轉移到政府手中而

---

34 〔宋〕司馬光:〈論財利疏〉,《司馬光奏議》(大同市:山西人民出版社,1986年),卷8。

35 〔宋〕司馬光:〈八月十一日邇英對問河北災變〉,《溫國文正司馬公文集》(上海市:商務印書館,1912年),卷39。

已，整個社會的財富並無增加。所以他認為這不過是「頭會箕斂搜刮民財而已」。他的理由是：「天地所生財貨萬物，止有此數，不在民間，則在官家。」[36]桑弘羊能使國家富饒，不取於民，從哪裡取呢？司馬光對財富做這種靜態的觀察，固然有其缺陷，但他認識到桑弘羊剝奪富商大賈的財富，轉移到國家手中，並不能增加社會財富這一觀察是正確的。當然，不能說王安石對此全然不明白，他也是很重視發展生產的，只是遠水救不了近渴——他身為當朝宰相，必須迅速拿出「政績」解救國家財政的燃眉之急。王安石理財的目的決定了他必然是急功近利，傾向於管、桑之術，而這就使他的義利觀具有了明顯的法家富國主義的色彩。與此相對立，司馬光的理財思想所遵循的義利觀是儒家的民本主義的富民思想。儘管兩人在理財的根本目標上是一致的，都是為了維護和鞏固專制國家的統治，但在具體的政策措施的指導思想上，王安石著重於近期功效，司馬光著眼於統治階級的長遠利益和根本利益，這正是儒法兩種義利觀的不同處。

元豐八年（1085），年僅三十七歲的神宗去世，翌年，王安石、司馬光相繼去世，隨著大變法的三位統帥和主將的謝世，這場中國十一世紀大變法的幃幕，終於悄然落下。

---

36 〔宋〕李燾：〈邇英奏對〉，《續資治通鑑長編》（北京市：中華書局，2004年），卷66。

還歷史本來面目
── 重新審視日本明治維新

一　並不保守的德川幕府政權

　　一八五三年七月八日，美國東印度艦隊司令官佩里准將率領四艘戰艦，駛入德川幕府咽喉要地江戶灣相州浦賀海面，以武力脅迫日本開國。當時整個江戶灣僅有百餘門海防大炮，還沒有兩艘美國軍艦上的大炮多；幕府財政狀況也很窘迫，「如同外國作戰，難支持一年」。[1]在這種情況下，幕府被迫收下美國國書，並於第二年春天與美國締結了《日美親善條約》，規定：開放下田、箱館兩個港口，在開放港口圈定外國人「居留地」，承認片面的最惠國待遇。

　　日本被迫開國後，幕府政權開始不顧以孝明天皇為代表的保守勢力的反對，迅速制訂出一系列積極學習西方列強的政策：一八五五年一月，幕府在江戶城的鐵炮洲、一橋門外等處設置六所軍事訓練場、講武場，推廣洋式操練法及炮術；一八五五年三月，幕府醞釀建立翻譯、講授西洋著作或外交文書的「洋學所」（十月正式成立）；一八五五年八月，幕府命令各旗本（僅次於將軍的高級軍官）、大名學習採用洋槍作戰陣法，並在江戶的湯島鑄炮場製造洋式槍械以滿足裝備洋槍隊的需要；一八五五年十一月，幕府任命積極主張開國的「蘭癖」

（蘭學[2]迷）堀田正睦為首席老中（首席執政官），次年又任命堀田為專門處理對外事務的「取扱」（相當於外交部長）；一八五五年十二月，幕府又在長崎創辦海軍傳習所，將噸位為四百噸的荷蘭軍艦「遜賓」號買下，改名「觀光」，作為教練艦，並聘請船上的軍官、輪機師、水手傳授近代海軍技術，奠定了日本近代海軍的基礎；一八五六年五月，堀田正睦等幕府首領親臨江戶駒場的校兵場檢閱洋槍隊，以示對歐美式新軍的重視；一八六七年九月，幕府聘請以卡廷德蓋為首的第二批荷蘭海軍傳習教官團來日本，而教官團乘坐的軍艦「雅班」號，就是幕府在荷蘭訂購的軍艦。該艦後改名「咸臨」號，成為第一艘橫渡太平洋、遠航美國的日本軍艦；一八五九年七月，幕府發佈命令，允許諸藩大名、旗本、武士等前往開放口岸購買洋式軍火。

一八五八年六月，井伊直弼出任幕府大老（相當於內閣總理）。他未經天皇「敕許」，即於七月二十九日派代表與美方代表簽訂《日美友好通商條約》，接著又在短短兩個月的時間裡，與荷、俄、英、法簽訂相同條約，史稱《安政五國條約》。雖然這些條約是不平等的條件下簽訂的，其中部分內容嚴重損害了日本國的主權，但客觀地說，這是近代外交史上弱國與強國打交道時必須付出的代價。以這些條約的簽訂為標誌，日本擯棄了閉關鎖國的錯誤做法，打開了對外全面開放的大門。

從一八五三年佩里首航日本，到一八五八年《安政五國條約》簽訂，前後不過五年。在這短短的五年時間裡，幕府積極推行改革、開國的方針，在教育現代化、軍事現代化以及對世界大勢的認識、把握等方面都取得了當時的清政府無法比擬的成就，大大縮短了與歐美列強的距離。

一八六〇年三月，井伊直弼因為在幕府首領——將軍的繼嗣問題

2　泛指西方學問。因多經荷蘭傳入，故被稱為「蘭學」。

上得罪了部分「雄藩」被暗殺，但幕府對外開國的方針並沒有因此而受到影響。一八六〇年二月，接受英國公使阿禮國進駐日本；五月，接受法國駐日公使貝爾克爾；八月，與葡萄牙訂立《日葡友好通商條約》及《貿易章程》；一八六一年一月，與普魯士訂立《日普友好通商要約》及《貿易章程》；一八六二年一月，派遣以竹內保德為首的遣歐使節團乘英國軍艦訪問歐洲各締約國，談判開港開市的時間等問題。

　　一八六七年即幕府滅亡的前一年，幕府還在法國公使羅休的積極籌劃下，進行了最後一次大規模的改革——「慶應改革」。改革內容涉及政治、經濟、外交、軍事等各個領域：在政治方面，主張把天皇作為國家的象徵，用中央集權制代替封建領主制；在官制方面，新設海軍、陸軍、國內事務、會計、外國事務等五個總裁，首席老中板倉勝靜位居五個總裁之上，相當於內閣首相；在經濟方面，主張改革稅制、擴大商貿、重整財政等；在外交方面，主張開國通商、擴大影響，以便扭轉被動的外交困境。一八六七年四月，以德川慶喜的弟弟德川昭武為首的使節團抵達馬賽，出席在巴黎舉行的國際博覽會；同年七月，親法派核心人物栗本鋤等也到法國訪問，並以蝦夷地（北海道）的開發權為擔保，向法國提出借款要求，以保證開放、富國、強軍等改革政策的順利實施。

二　主張復古排外的尊攘武士

　　與積極推進改革開國政策的幕府政權相反，日本國內還有一股以「尊王攘夷」為口號、頑固拒絕開國的守舊勢力。這些人以天皇為精神領袖、以各雄藩藩主為核心、以各地浪人[3]為骨幹、以各藩中下級

3　與中國的平均析產制不同，日本武士實行的是長子繼承制，即武士俸祿歸長子一人繼承，不許分家產。因此，武士家庭長子以下的男性長大成人後多離開自己的「主

武士為基本力量。他們對幕府政權的開國方針極為不滿，認為幕府「攘夷」不利，要求「倒幕」即推翻幕府政權，由他們抵禦外侮，以日本「神道」維護「神國」日本的純潔。《安政五國條約》簽訂後，隨著橫濱、長崎、箱館等港口的開放，外國公使進駐江戶，這些狂熱的民族沙文主義者再也按耐不住內心的焦慮與憤怒，開始採取殺洋人、阻夷船等一系列非理性的手段，企圖拒洋人於國門之外。[4]

尊攘武士對駐日洋人接二連三的恐怖攻擊，在洋人中引起極大恐慌，當時的英國公使館譯員阿耐斯特・薩托說：「外國人走出居留地界時，人們佩帶手槍，而且睡覺時也經常把手槍塞在枕下。因此，在當時，大量的手槍暢銷日本。」[5]尊攘武士對外國人的仇視與攻擊，與當年中國義和團的做法頗有些相似。

尊攘武士殺洋人無所畏懼，對「國賊」即擁護改革開國的國內同胞也毫不手軟。幕府高官及朝廷公卿成了他們首先攻擊的目標。尊攘派的行動對朝廷產生了強烈影響──主張朝廷與幕府合作的所謂「公武合體派」公卿銷聲匿跡，三條實美等有政治野心的尊攘派下級公卿開始抬頭。一八六三年一月，多年來很少干預政事的朝廷設置參與議政的「國事御用掛」；同年三月，增設「國事參政」、「國事寄人」，由三條等少壯派公卿專任。尊攘派不僅控制了朝政，而且使原本不能參與國政的朝廷開始在國政上有了一些發言權。

家」，成為沒有俸祿、自食其力的「浪人」。生活的貧困及社會地位的低落使這些人比一般武士更具冒險精神。他們是日本近代社會變革中最為活躍的力量，也是後來日本侵略中國的急先鋒。

4　值得指出的是：很多日後成為維新政府高官的日本武士，當時都是狂熱的尊王攘夷派。如日後成為日本首相的長州藩武士伊藤博文就曾經與其他「志士」一起，於一八六三年一月三十一日乘夜潛入英國公使館的建築工地，將木結構的英國公使館燒成一片廢墟。

5　〔日〕小西四郎：《開國與攘夷》，載於《日本的歷史》（東京都：中央公論社，1966年），卷19，頁248。

　　日本國內守舊勢力的攘夷行動在一八六三年達到了高潮。一八六三年初，尊攘派通過他們在皇室的同謀──三條實美等人以天皇名義迫令幕府定期宣布「攘夷」（閉港、廢約、驅逐外國人）。一八六三年四月二十三日，孝明天皇在京都接見二百年來第一次來京都覲見的幕府將軍德川家茂，一方面鼓勵家茂盡「征夷大將軍」的職責，努力攘夷；一方面表示要根據事態的發展變化，今後將會直接向諸藩下達指令，藉以向幕府施加更大壓力。四月二十八日，孝明天皇率眾臣舉行規模盛大的「祈禱攘夷必勝」敬神儀式；尊攘派也密切配合，採取種種手段向幕府施加更大壓力。[6]德川家茂經不住朝廷的一再催促，不得不於六月六日上奏天皇，稱將以六月二十五日為「全國大攘夷」行動日。六月八日，幕府政權的二把手德川慶喜等奉命東歸江戶，為廢約、鎖港的談判做準備。六月九日，幕府發佈文告，通知六月二十五日為「攘夷日」，命諸藩大名嚴守領內海防，如果受到外國艦隊的襲擊，立即將其驅逐。至此，朝廷在與幕府之間圍繞著拒絕還是批准《安政五國條約》的政治鬥爭中取得了最終勝利：迫使幕府公開表態，放棄締約開港的主張，代之以廢約鎖港。接下來的半個月時間裡，攘夷最為堅決的長州藩開始從其控制的下關海峽炮臺向經過的美、法、荷蘭等外國船艦頻頻發炮，實行「武力攘夷」。長州藩對外國船艦炮戰「勝利」的捷報傳到朝廷，尊攘派興高采烈，通令嘉獎說：「天皇對攘夷壯舉感到非常滿意，切望更加努力，耀皇國之武威於海外！」[7]朝廷還下令諸藩支援長州，以期攘夷大獲全勝。然而，捷報傳到江戶，幕府的反應十分冷淡，不僅命令長州藩勿再胡亂炮擊

6　如尊攘派曾威脅幕府：「攘夷一事乃征夷府（即幕府）之當然職責。若不接受，或將出現攘將軍（即打倒幕府）之議論。」信夫清三郎：《日本政治史》（上海市：上海譯文出版社，1982年），卷1，頁327。

7　〔日〕小西四郎：〈開國與攘夷〉，載於《日本歷史》（東京都：中央公論社，1966年），卷19，頁248。

外國船，而且指責長州無視攘夷文告中只許還擊前來進攻的外國船艦的要求，輕啟戰端，對正在進行的鎖港談判製造麻煩。

果然，沒等尊攘派高興多久，列強就開始了報復行動。七月十六日，美國軍艦「懷俄明號」衝破下關海岸炮臺的火力網，摧毀了龜山炮臺，又乘勢擊沉「庚申號」、「壬戌號」，擊傷「癸丑號」，並將下關一帶的長州藩守備部隊打得潰不成軍；七月二十日，焦萊斯少將率領法國遠東艦隊的「賽米勒米斯號」、「坦克萊德號」等軍艦闖進下關海峽，用猛烈的炮火將沿岸炮臺盡行摧毀。

一九六三年八月十五日，另一個頑固堅持攘夷的雄藩——薩摩藩也在鹿兒島與英國艦隊發生了激烈戰鬥。戰鬥中，薩摩的炮臺在英國軍艦大炮轟擊下逐個喪失戰鬥力，停泊在岸邊的琉球貿易船被擊中，燃起熊熊大火，鹿兒島內擁有眾多大型近代工業機械設備的集成館被炸壞，部分鹿兒島市街被炮火擊毀。薩、英之戰使薩摩藩武士認識到雙方武器裝備的巨大差距，痛感應停止盲目排外攘夷的愚蠢做法，結好英國，學習西方。從此，薩摩藩在攘夷上的態度發生了徹底變化。

一九六三年八月十九日，英、法、美、荷四國代表聯合通告幕府，四國艦隊將對最頑固的長州藩實施懲罰性攻擊。在前後三天的戰鬥中，聯合艦隊以戰死八人、負傷三十人的輕微代價，摧毀了長州藩在下關苦心經營多年的所有海岸炮臺群，繳獲大炮六十餘門，長州藩在朝廷的地位一落千丈。

三　缺乏政治遠見的倒幕運動

政治上的失策、軍事上的失敗，加上將軍集權與大名分權的幕、藩政治體制，使長州、薩摩這樣的雄藩的首領終於明白：要想在日本國內取得政治上的發言權，必須走所謂「強強聯合」的道路。

一八六六年三月七日,在另一雄藩──土佐藩浪人坂本龍馬的斡旋下,薩摩、長州兩藩代表實現了歷史性的會面。經過談判,雙方正式簽訂薩、長盟約,確立了武力倒幕、王政復古的政治目標。然而,由於這樣的聯盟本質上是一種政治上的投機行為,所以,對於推翻德川幕府後如何建立新的政體,盟約裡並沒有作詳細規定。

一八六七年六月,在一艘由長崎開往兵庫的藩船上,土佐藩維新志士坂本龍馬和後藤象二郎商討起草了一個指導今後倒幕派行動的政治綱領──《船中八策》。具體內容是:一、將天下之政權奉還朝廷,政令自朝廷出;二、設立上、下議政局,萬機應決於「公論」;三、以有才之公卿、諸侯及「天下之人才」為顧問;四、與外國之交際應「廣泛召集會議,新議至當之規約」,修改不合理的條約;五、參照古來之律令,重新編定「長久實行之大典」;六、擴充海軍;七、設置親兵,守衛京都;八、在金銀與物價方面制定與外國均衡之法。

有些學者對《船中八策》評價很高,認為是最早的、較全面的改造日本的施政綱領。然而,逐條分析這「八策」,會發現它對日後日本的影響並不是很大:第一策「將天下之政權奉還朝廷,政令自朝廷出」,不過是換了個專制者而已;第二策「設立上、下議政局,萬機應決於『公論』」似乎有些新意。然而,這「公論」之「公」,不是指人民,而是指貴族,上、下議政局也都是由權貴組成,仍然代表不了真正的「公論」;第三策「以有才之公卿、諸侯及『天下之人才』為顧問」不過是起用一些過去政治上的失意者取代現在的權貴;第四策「修改條約」和第六策「擴充海軍」是幕府正在努力爭取的目標;第五策根本行不通,因為「參照古來之律令」是無法制訂出「長久實行之大典」的。至於第七、第八策,則屬於具體小事,無足評價。

幕府政權對雄藩之間的強強聯合十分警覺,為達到分化瓦解對手以確保自己已經相對衰落的政治統治地位的目的,一八六七年十一月

八日，德川慶喜在京都二條城召開重臣會議，宣布接受土佐藩的《奉還大政建議書》，把政權奉還朝廷。

十一月十日，德川慶喜得到天皇准其「奉還大政」的敕書。然而，天皇雖然在名義上掌握了政權，但沒有建立起運用權力的政權機構。所以天皇在批准德川慶喜「奉還大政」的同一天，又向德川慶喜發出了三項指示，即：一、天皇收回最高政權；二、迅即召集諸侯會議，決定一切政務；三、在未召開諸侯會議之前，仍由將軍照舊統治領地領民。這種沒有落到實處的「奉還大政」自然不能為倒幕派所接受；加之幕府在「奉還大政」後，對倒幕派立即進行鎮壓，於十一月十五日暗殺了坂本龍馬和中岡慎太郎。倒幕派於是決定反擊，經過充分準備，倒幕派於一八六八年一月三日發動宮廷政變，宣布實行「王政復古」即由天皇掌握日本的政治大權。

一八六八年五月三日，德川慶喜向新政權投降，統治日本二百餘年的幕府政權宣告滅亡。新政權改年號為「明治」，取中國《易經》中「聖人南面聽天下，向明而治」之意。六月十一日，明治政府發佈《政體書》，實行政治體制改革。基本內容是：一、強化中央集權，「天下之權力皆歸太政官，使政令無出二途之患」；二、建立政治制衡體制，「太政官之權分為立法、行政、司法三權，使無偏重之患」；三、建立議事制度，「為實行輿論公議也」；四、採取官吏公選辦法；五、確立府、藩、縣三級一體的政權體系。

「政體書」實際上是明治政府在領導日本由封建政治制度向專制政治制度急速轉變過程中思想上準備不足而臨時拼湊的大雜燴：既採取古制、又模仿西制，既強調中央集權、又有些議會政治的成分，但總的來說還是舊瓶裝新酒，沒什麼新意。能夠發表「公議」的，其實只是幕府、朝廷及各雄藩，並不是廣大公眾；其他從西方移植過來的內容，到後來也一樣沒能成活。

倒幕派發動「王政復古」政變後，先是逼迫幕府「辭官納地」，然後勸說各藩「奉還版籍」，繼而又「廢藩置縣」，從而推翻了日本傳統的封建割據制度，建立起日本歷史上第一個中央集權的專制政體。但這並不是所謂「資產階級改良派發動的宮廷政變」，倒是更像兩千年前中國的秦始皇兼併六國、統一天下，建立起中國第一個中央專制政權。政變的主體是主張復古排外的日本尊攘武士。如果後來不是發生了一些預想不到的事情，日本根本不可能走上文明開化的道路。

四　幾近失敗的殖產興業

像所有專制政體一樣，明治政府建立後不久，便迅速推出政府主導發展現代資本主義經濟的政策。一八六九年二月，明治政府在東京、京都、大阪三府及各通商口岸設立通商司，作為推進政府「殖產興業」政策的主要執行機構。同年五月，在通商司的運作下，在全國幾個主要城市建立起半官半民的壟斷性公司──經營國內外貿易業務的「通商會社」和經營早期銀行業務的「匯兌會社」。通商會社是由通商司官員出面組織，由當地鄉紳、商人等以集資入股的方式組成，匯兌會社則是由政府（通商司）提供保證金，富商大賈集資入股而成。

然而，雖然通商會社與匯兌會社都是官商合辦的，但公司的管理權始終掌握在政府手裡，私人股東很少有發言權，公司實際上成了「官借商辦」即政府借助民間資本發展國家資本主義。入股者既沒有明確的產權，也沒有實際的經營權──通商司的官員甚至以不參加就流放到偏僻寒冷北海道相威脅，強迫富人出資入股。[8]這種做法從根

8　〔日〕菅野和太郎：《日本會社企業發生史の研究》（東京都：岩波書店，1931年），頁138。

本上違背了近代公司制度以營利為目的以及自願集資興辦的原則，與幾乎是同時代的中國清末洋務派搞的「官督商辦」發展近代工商業的做法如出一轍。

正因為如此，日本明治初期兩家官商合辦公司的命運也就同中國同時期的官督商辦公司一模一樣：從公司成立伊始，政府便視為己出、當作機構加以經營。由於官企不分、職能錯位，通商會社和匯兌會社承擔了政府的開荒和改良農田貸款、發放舊武士生活救濟金、賑濟災民、平抑糧價等許多非營利性的公益和福利事業，加上由於政府插手管理、官辦色彩濃厚，影響了公司的正常經營，造成管理上的混亂，最終導致巨額虧損，兩家公司僅僅存活了四年，便同時宣告解散。

除了上述兩家公司的失敗，明治政府在領導日本邁向現代化的過程中還走過一段更大的彎路。一八七〇年十二月，明治政府根據參議大隈重信發展生產是「國家第一緊急任務」的主張，設立工部省，推行政府的殖產興業政策。工部省接管了以前幕府及各藩所有的官營企業，把它們改造成國營示範工廠，初步建立起日本近代工業的基礎。同時，工部省還大力發展近代交通電訊事業，組織建設了日本最早的鐵路，興辦了日本最初的航運公司，先後開通了東京至全國各大城市的電報網、郵政網和電話網。

然而，以大隈重信為代表的明治政府，最初是想通過發展官辦的近代大工業來實現日本的現代化，官辦企業中又是以工、礦、交通、兵器製造等重工業為主，忽視農業和輕工業。到一八八五年十二月工部省撤銷為止，在其總支出額的四千六百餘萬日元中，用於建設和擴大國營企業的費用即占兩千九百餘萬日元。[9]這種政府主導、頭重腳

9　〔日〕田中彰：〈明治國家〉，《體系・日本歷史》，卷5，頁157（東京都：日本評論社，1975年）。

輕（即全力發展重工業，忽視農業和輕工業）的經濟建設模式，違背了社會經濟發展的一般規律，自然不會收到預期的效果。結果，國營企業不僅不能帶動整個社會經濟的發展，而且因其固有的缺陷（所有人缺位）而陷入連年虧損的窘況。從一八八〇年起，明治政府開始壓縮財政支出，改變經濟政策，將發展國家資本主義改為發展私人資本主義，將經營國營企業示範並帶動社會改為將國營企業廉價處理給私人資本家並積極對後者進行扶植。一八八〇年十一月，政府頒布《處理官營企業條例》，以很低的價格陸續將官營企業和半官半民企業出售給民間。從此以後，日本擯棄了大力興辦國營企業、通過國家資本帶頭實現資本主義工業化的方針，走上了積極扶植私人企業、通過大力發展私人資本主義實現現代化的正確道路。而真正促成這一轉變的，則是一個一直沒有引起人們足夠重視的史實——人類歷史上一次空前的國家領導集團集體洗腦行動——岩倉使節團對歐美各國長達兩年之久的考察學習。

五　意義深遠的岩倉使節團出訪

如前所述，一八六八年尊攘派發動的宮廷政變只是為了推翻幕府統治、將全國政權攬到以天皇為名義的部分雄藩掌權的政府手裡。但是，尊攘派手裡並沒有如何建設新日本的藍圖。不過日本民族有一個非常好的傳統，就是能夠不恥「上」問、虛心向先進國家學習。於是，效法當年向世界上最文明富強的國家派出遣隋使、遣唐使的做法，派高級使者出訪歐美列強、學習先進國家經驗的想法，很快在明治政府高層中達成了共識。

一八七一年十月，明治政權剛建立四年，太政大臣（相當於國務院總理）三條實美就代表政府提出出國考察《事由書》，闡明使節團

出國考察的具體任務是：一、考察各國的政治制度、法律的理論和實際情況；二、考察各國的理財、會計（財政、金融）、各類產業的法規和管理方法及現狀；三、考察各國教育制度、法規和現狀。使節團出國前就精心勾畫出要考察的所有領域，各領域都指定專人考察。明治政府對使節團寄予很大希望，如同三條實美所說：「外交內治，前途之大業，其成與否，實在此舉。」[10]由於使節團肩負著設計改造日本藍圖的重任，所以明治政府對使節團員的人選非常重視。經過反覆協商，最後組成了以右大臣、外務卿（相當於副總理兼外交部長）岩倉具視為特命全權大使的大型政府使節團。可以說，明治政府半數以上的精英都被選進了使節團。值得一提的是：對建立明治政權貢獻最大的「維新三傑（木戶孝允、大久保利通、西鄉隆盛）」中，木戶孝允、大久保利通被選送出國考察，回國後成為建設新國家的中堅；而留下來的一傑——最具人格魅力的西鄉隆盛，後來竟被擁戴為封建殘餘勢力——沒落武士階級的首領，割據一方、建立私人武裝，進而發動反對新政權的叛亂，最後兵敗自殺，十分令人惋惜。

　　一八七一年十二月二十三日，岩倉使節團一行登上美國太平洋輪船公司「亞美利加」號離開橫濱。在此後二十二個月的時間裡，使節團先後訪問了美、英、法、比、荷、奧、德、俄、丹、義、瑞士、瑞典等十二個國家。使節團每到一國，首先接觸國家首腦、政府要員和各國知名人士，考察政府組織機構、議會的功能及運作、法院的權力、三權分立的機制等等。對公司、交易所、工廠、礦山、港口、農牧場、兵營、要塞、學校、報社以及福利設施等，也都進行仔細的考察。

　　可以說，岩倉使節團組織規模之大、訪問國家之多、考察項目之

---

10 〔日〕大久保利謙：《岩倉使節團研究》（東京都：宗高書房，1976年），頁184。

全之細、歷時之久、耗資之多，在世界歷史上是絕無僅有的。對先進國家如此的深入考察使使節團成員的思想產生了巨大變化，如同大久保利通所說：「到西洋一看，深感我們不適應這個世界。」[11]他們發現「東洋各國現行之政治風俗不足以使我國盡善盡美。歐美各國之政治、制度、風俗、教育、營生（經濟制度）、守產（對私有財產的保護意識及制度），無不絕超東洋」，必須「將此開明之風移往我國，以使我國迅速進步至同等化域。」[12]超乎預期的巨大收穫，令日本使者們「始驚、次醉、終狂」，慶幸自己終於找到了建設現代化富強國家的正確道路。

經過近兩年的考察，使節團成員開闊了眼界，解放了思想，學習到了治理近代國家的理論和方法，成為具有近代意識的官僚和推動日本全面近代化的帶頭人。從一八七三年五月開始，大久保利通、木戶孝允、岩倉具視等使節團主要成員陸續回國。他們回國後，如同十一世紀聖德太子全面效法中國、對古代日本進行全面的封建主義改革一樣，立即效法西方，對日本進行徹底的資本主義改革。

六　走上正軌的維新事業

岩倉使節團回國後推出的一系列改革政策中，最重要的，是對西方近代政治制度、法律制度、教育制度的全面移植。限於篇幅，我們僅對明治政府大力推進現代化教育的做法作一簡單回顧。

伊藤博文曾經說：「國家富強之途，要在二端，第一開發國民多數之智德良能，使進入文明開化之域……第二使國民破舊日之陋習，不甘居被動地位，進而同心協力於國家公共事務，建設富強之國

11　〔日〕芳賀徹：《明治維新與日本人》（東京都：講談社學術文庫，1982年），頁26。

12　〔日〕大久保利謙：《岩倉使節團之研究》（東京都：宗高書房，1976年），頁189。

家。」木戶孝允也認為：日本人「與今日之美歐諸州之人絕無不同，只在於學與不學而已……其為急務者，莫先於學校」。明治政府的領導者們始終把教育列為政府工作的重中之重，並且把引進西方資本主義國家的教育制度作為教育改革的開端。岩倉使節團成員中，有日本文部省派遣的文部大丞田中不二麿作為理事官，專門考察歐美各國的教育制度。

一八七三年，田中不二麿回國，將對美、英、法、德、俄、荷等國教育制度的考察報告彙集成冊出版。他非常讚賞美國的「自由主義教育」，於一八七六至一八七七年再度赴美考察，歸國後出版《美國學校法》一書，對教育改革影響很大。政府採納了田中不二麿的教育思想，制定《教育令》，經伊藤博文（參議兼法制局長）親手修改後，交元老院審議並於一八七九年正式實行。

《教育令》規定：由町（鎮）、村設立小學，實行地方管理；凡有私立小學的地方，不得再設小學，減輕國家負擔；財政上確有困難無力設立小學的地方，可採取教師巡迴上課的方式；兒童在六至十四歲的八年內，必須有四年上學，每年至少上四個月；小學課程中，將誦讀、習字、算術、地理、歷史、修身六科定為必修課；設立公選學務委員（從當地士紳中選）參加學校的管理。

為獎勵小學和鼓勵兒童就學，各府縣紛紛發佈獎勵學事告示，增大教育投入：一些縣平均財政的百分之四十以上用於初等教育，把最好的建築提供給小學校，破除男女性別歧視之陋習，提倡女童受教育。據統計，一八八五至一九一〇年，初等教育經費一直保持在占全部教育經費的百分之六十七以上。[13]

經過近三十年的努力，明治政府即在全國範圍內大體上普及了初

---

13 〔日〕三好信浩：《日本教育史》（東京都：福村出版株式會社，1993年），頁127。

等義務教育，其速度之快在世界教育史上是首屈一指的。特別值得指出的是：日本是世界上最早在全國範圍內普及義務教育的國家，比美國早四年，比法國早十年。

七　結語

岩倉使節團回國後，日本政府迅速改變了最初幾年搞的類似中國晚清洋務運動「中體西用」式的改革，而是全面學習西方，尤其是重視從文化、思想、觀念、制度上學習西方；在隨之推出的一系列改革舉措中，最重要的，就是對西方近代政治、法律和教育制度的全面移植。同時，日本政府擯棄了通過興辦國營工廠實現國家資本主義工業化的方針，走上了積極扶植私人企業、通過大力發展私人資本主義實現國家現代化的正確道路。維新事業走上正軌後，日本綜合國力迅速增強，在不到三十年時間裡，先後打敗滿清及沙皇俄國，成為名副其實的世界強國。日本近代學習西方，從時間上看比我們晚了二十多年，卻能夠後來居上，成為亞洲第一個實現資本主義現代化的國家，其中的經驗教訓，對於進一步深化中國今天的改革大業，仍然具有極其重要的現實意義。

城民、市民、市民社會與市民主義經濟

一 中國古代的城市

在中國建城史上，歷代帝王都城、宮闕、御苑、廟堂的營建占有重要地位。正在發掘的安徽含山凌家灘原始部落遺址證明，中國早在五千五百年前就出現了城市。大致說來，中國古代城市可分為兩大類，一類是政治城市，即中央及各地統治者的政治軍事文化中心，另一類最初是作為經濟城市出現的，即在商貿集市、草市或交通樞紐的基礎上自然發展起來的。然而，這些經濟城市發展到一定規模後，往往會被轉化成政治城市或政治經濟混合城市，即官府在此設州立縣，成為統治一方的行政中心。因此可以說，中國古代的絕大多數城市都屬於政治城市，這種城市的主要功能是保護統治者的安全及滿足他們的物質和精神上的需求。

我們首先看看作為國家中心和最高統治者居住的地方——都城。楊寬先生的《中國古代都城制度史研究》一書中指出：從上古到秦漢魏晉的都城，都是以皇宮為主體的。例如，「西漢長安城內，宮室、宗廟和官署占全城面積三分之二以上」。這是所謂「內城」，是為保衛皇宮、官署、倉庫以及官吏住宅而建築的，它只能容納小規模的市區。大規模的居民區和市區是位於長安城北面和東北面的「郭」區。

城市居民的居住單位是城與郭中的「里」（後又稱「坊」）。每個

里面積約一平方里左右，四周有牆，中間有一條南北大道，兩頭或一頭設有里門，稱之為「閭」，貴族官吏住閭右，平民百姓住閭左。「里」是不可以「從旁而通」的，要封閉得很嚴密。可見，自古「里」實際上就是城中的小城。每個里還要設「里正」或「里尉」之類的小官以管理里中的事務、看管里門的鑰匙。《管子》〈八觀篇〉中指出，有道明君還要加強對於「里」的管理，要「閉其門，塞其途，弇其跡」，防非本里人出入。

都城中的交易場所「市」，自古以來也是有其定制的。秦漢以前基本上是以宮室為中心，前朝後市。戰國時期都市中有了封閉結構的市區，市的四面有牆，牆的中間開門。歷代官府對市的管理都非常嚴格，商人們必須按照經營商品的種類分行設肆，接受政府官吏的管理，建立標記、校正度量衡、規定各種商品上、中、下三等的價格、檢驗手工業品規格、驗證買賣契約，以及開啟和關閉市門等一系列管理制度。此外，不同行業還有各自的被稱為「行」的組織。兩市共有一百二十行之多，每行各有「行頭」或「行首」作為該行的首領。官府稱他們為「行人」或「肆長」。不過，這種「行頭」與近世的民間商會會長不同，他們是官方與商人之間的連絡人，主要不是代表本行商人們的利益，而是要維護官方的權威，成為官方在該行業的代言人、代理人。

到了宋代，城市發生了巨大變化，城市普遍剷除了坊牆，代之而起的是具有開放式布局、民居和市場連成一片的街巷式城市模式。在汴京，居民已經不是居住在高牆圈起的坊里中，而是住在鱗次櫛比的街巷上了。居民們面街而居，而且可以臨街設肆。汴京除了宮城以外，幾乎所有的街巷都向商業開放。臨街開店之後，市區（即商業區）擴大到全城。大街小巷、橋頭路口，甚至御路、御廊都是商品交易的場所。儘管如此，城市作為統治者政治統治工具的職能、以及包

括工商業者在內的城市居民作為統治階級附屬物而存在的本質仍然沒有任何的變化。

不僅一般政治城市是如此，即便是由於經濟發展而自然形成的市鎮，一旦形成規模，專制統治者也會迅速採取行動，將其牢牢掌握在自己手裡。明代中期，位於河南南陽的裕州由於地處交通要衝，吸引了許多南來北往的商人，成為一個頗具規模的貿易集散地。這時，歷史上評價很高的于謙便以「裕州多有各處人民在彼買賣，中間恐有逃軍、囚、匠人等潛住」為由，「乞敕兵部計議，設立一衛，築立城池，鎮守關防」。[1]位於湖北漢川縣的劉家隔鎮，最初是由十餘家居民逐漸發展起來的：「劉家隔為漢川縣，……地卑下……我國初闢為通衢，人遂樂業，其始居民十數家。宣德、正統間，商賈占籍者億萬計，生齒日繁，貿遷益眾，卒成巨鎮。」[2]到了明朝景泰年間，劉家隔已經發展到「常有人四、五萬居住」。于謙同樣以該鎮居民中「中間刁潑者數多，俱是江西等處無籍之人」[3]為由，設立一衛（即建立起一個軍事據點），強化官府對該鎮的控制。總之，在古代中國，無論是政治城市還是政治經濟混合城市，城市居民都是在專制統治者的嚴格管理和嚴密監視下生活的。

二 歐洲中世紀的封建城堡及自治城市

中世紀的歐洲是一個市鎮很稀少的農業社會，封建制度與莊園制度相結合，成為九世紀初到十三世紀中葉歐洲的主要社會經濟制度。廣大地區往往只看見森林和田野，有人煙的地方除了莊園中農奴的茅

1　〔明〕于謙：〈雜行類〉，《忠肅集》（上海市：上海古籍出版社，1991年），卷5。
2　朱衣，魯儲：〈創置志〉，《嘉靖漢陽府志》（武漢市：武漢出版社，2015年），卷7。
3　〔明〕于謙：〈雜行類〉，《忠肅集》（上海市：上海古籍出版社，1991年），卷5。

舍外，就只有那些坐落在險要地帶的封建城堡了。這些城堡實際上就是當地封建政權的中心，而領主和騎士就是這些城堡的主人。歐洲最早的城堡出現於封建時代的萌芽期──西元十世紀。到了十二世紀，領主們開始用有稜角的石磚建造規模宏大的城堡，以強化對自己領地的封建統治。幾乎在同一時期，由於歐洲多元的政治環境（王室與教會之間、王室與貴族封臣之間持續不斷的政治角逐）、經濟的恢復和發展，特別是十字軍東征使得歐洲通向東方的商路相繼打通，大量剩餘產品湧向東方市場，商業貿易迅速發展起來。一些商人和手工業者及逃亡農奴開始聚集在靠近消費者或銷售條件優越的地方，如港灣、渡口、交叉路口、行政中心、城堡寺院附近，生產並銷售他們的勞動產品。這些商業和手工業中心逐漸形成新的城市。特別值得指出的是，這些城市「既不起源于伯爵的城堡，也不起源于大教區管轄的中心。從地理位置上講，他們建立在商業貿易的交接點上，出現在封建關係最薄弱、封建統治鞭長莫及或權力真空的地帶。例如，中世紀德國的城市，最初是一些商人從伯爵領地中借來的『城堡防效區』或公用土地，用柵欄圍起來，作為臨時售貨點或居住點」。[4]

這些新的城市與封建領主的關係非常微妙。首先，儘管城市大都遠離封建領主居住的城堡，屬於封建統治最薄弱的地方，但它畢竟還是位於某一領主的勢力範圍內，領主可以對城市設立各種名目的攤派勒索，這對於城市工商業的發展顯然是不利的。因此，許多城市紛紛用金錢向封建主贖買自由，建立自由城市。城市每年按固定數額向封建主納稅後，封建主的特權受到嚴格限制，他們不得再隨意設置關卡、不得收市場稅、不能有專賣權，也不得欠債不還。取得完全自治

4　金觀濤、唐若昕：《西方社會結構的演變》（成都市：四川人民出版社，1985年），頁174。

權後，城市居民可以選舉產生自己的市議會，作為城市最高權力機構的市議會，有權制定政策、法令和鑄造貨幣。城市可以有自己的武裝和法庭，有權宣戰、媾和。城市還通過選舉產生自己的市長和法官等管理人員，行使行政、司法和財政大權。十五世紀以後，歐洲多數城市基本上都擺脫了封建主的控制，獲得了自治。

對比一下中國古代城市的情形，我們會清楚地看到中西間的巨大不同：中國古代城市，要麼是專制政權建立的政治中心或軍事據點（相當於歐洲的封建城堡），要麼是自發形成後不久即迅速被強大的專制政權所控制。在城市之中，專制統治集團集聚了極大的力量，作為城市居民的商人、手工業者完全處於從屬地位。雖然後者在理論上也屬於「四民」之列，實際上受到各種歧視，作為一個社會階層，他們即使在城市裡也無法進入主流社會，更不用說實行自治了。因此，古代中國只有「臣民」，沒有西方意義上的生活在自治城市裡、具有真正市民意識的市民（即「公民」）；生活在中國古代城市裡的工商業者，不過是生活在城市裡的草民而已。他們中的很多人甚至只是把進入城市看作是謀生的手段，葉落歸根，衣錦還鄉，回到鄉里依然是他們最終的目的。可以說，在思想意識觀念上，這些生活在城市的居民與生活在農村的農民沒有多大區別，他們只不過是「生活在城市裡的農民」，很難與「受到築有防禦工事的城牆保護，靠工商業維持生存，享有特別的法律、行政和司法」[5]並具有獨立的市民意識的歐洲自治城市市民相提並論。因此，筆者把中國古代城市居民稱之為「城民」，以示他們與歐洲中世紀自治城市市民之間本質上的區別。

5　〔比〕亨利・皮雷納：《中世紀的城市》（北京市：商務印書館，1985年），頁93。

三　市民社會及市民主義經濟

　　市民社會的概念源自西方，從詞源上講，該詞最早可上溯至亞里斯多德，在《政治學》中它指一種城邦。[6]古羅馬政治思想家西塞羅第一次明確了市民社會的含義：市民社會「不僅指單個國家，而且指業已發達到出現城市的文明政治共同體的生活狀況」。[7]在這裡，市民社會就是文明社會的同義語。到了近代，市民社會的內涵發生了變化。十七世紀的霍布斯、洛克和十八世紀的盧梭、孟德斯鳩等人將市民社會描述為一個象徵著文明、進步、道德的理想社會。大致說來，它有以下幾個主要特徵：

　　首先，市民社會是以對私有財產權利的充分尊重並且加以法律上的嚴格保護為基礎的。這是市民社會特有的市場經濟的基礎；第二，維繫市民社會的，既不是橫向的血緣親情關係，也不是縱向的行政命令關係，而是在平等自治的市場經濟中產生的契約關係；第三，市民社會遵循法治原則，以尊重和保護社會全體成員的基本權利為前提；第四，市民社會奉行自治原則，個人參與各種社會活動以尊重個人的選擇自由並承擔相應的社會責任為基礎；第五，市民社會通過公共傳媒表達社會成員的意見，在公共空間交換彼此意見，並據此以及通過社會運動來參與和影響政府的活動和政策形成過程。

　　那麼，近代市民社會的這些特徵是如何形成的呢？

　　中國有句諺語：「十里不同風，百里不同俗。」這是說在自然經濟的農業社會，人們常常是幾十幾百戶聚集在一個村落裡，生老病死不出鄉，很多人一輩子沒出過遠門、沒進過縣城。在這樣一個極其封

6　鄧正來：〈市民社會與國家——學理上的分野與兩種架構〉，載於鄧正來：《國家與
　　社會：中國市民社會研究》（成都市：四川人民出版社，1998年），頁23-24。

7　王兆良、吳傳華：〈馬恩市民社會理論初探〉，《安徽教育學院學報》1999年第2期。

閉狹小的社會空間裡，社會秩序往往只是依靠一個小範圍的道德規範——村規、族約、甚至家法（很多村子是由幾個甚至是一個家族構成）來維持的。不同地區、不同村落道德規範不同，從而形成了不同的風氣和習俗。當一個社會處於一種封閉的、自給自足的小農經濟狀態時，因為人們彼此很少往來，這種「十里不同風，百里不同俗」的情形不會使人們感覺到太多不便；然而，當人們的社會交流半徑擴大、或來自「五湖四海」、擁有不同道德文化背景的人必須在一起生活時，大家就會明顯感到彼此間道德觀念、行為規範的差異所帶來的交流困難（目前中國城裡人與鄉下人、以及生活在同一城市的不同省籍人之間的矛盾衝突，很大程度上是由這種差異引起的）。當年歐洲自治城市的居民們面臨這種困境的時候，他們既沒有現成的、能夠完全適應、規範整個新城市的「公德」去使用，也沒有一個君臨在上的「權威」（專制政權）來強迫他們接受一個全新的、陌生的社會行為規範。在這種情況下，人們不得不經常聚在一起，商討如何處理彼此間遇到的各種各樣問題。最後，他們逐漸擯棄了各自的「風」、「俗」，摸索出一整套能夠更好地調整彼此間關係的社會規範，制訂出新的、更有利於商業發展的法律制度。更重要的，是在這一商討、調整的過程中，自治城市的居民們逐漸養成了共同關心、參與社會公共事物，共同訂立社會契約，自己認真遵守同時積極監督他人遵守契約（因為這是大家共同訂立的、是「我們自己的」而不是別人強加的契約）的意識。換句話說，在商討、制訂新的市民社會行為道德規範的同時，一個新的、具有不同於傳統封建思想觀念及行為準則的社會集團——市民階級出現了。這些人具有全新的思想道德意識——市民意識（或稱「公民意識」），伴隨市民意識而來的是一種新的社會經濟

制度──市民主義經濟（即市場經濟或所謂「資本主義經濟」，馬克思就常將市民社會稱之為資產階級社會[8]）。這種經濟制度強調對私人財產的尊重和保護、強調交易主體之間的平等、誠信，強調交易行為的公正、透明，強調交易雙方對契約的嚴格遵守並以法律維護之等等。這一切都與以往封建專制社會中傳統的「商品經濟」有著本質上的不同──我們把白居易〈賣炭翁〉中「一車炭重千餘斤，宮使驅將惜不得；半匹紅紗一丈綾，系向牛頭充炭直！」的詩句與德國皇帝威廉一世要買下並拆除一座影響他從離宮遠眺波茨坦市的全景磨房卻被磨房主人拒絕、到死也未能如願的史實加以對比，可以明顯感覺到崇尚等級、專制的集權專制社會的商品經濟與崇尚平等、自由的市民社會的市場經濟兩者間的天壤之別！

　　德國學者柯武剛、史漫飛合著的《制度經濟學──社會秩序與公共政策》中說：「現在，人們越來越認識到，歐洲人能創造出現代技術文明的原因就在於他們開發並貫徹了一套人類交往的規則，它抑制了機會主義和權力的濫用。這些規則被稱為『制度』。它們的不斷演化完全是由於歐洲各國開放了貿易、旅行、移民和思想交流。這種開放性對掌權者施加了系統的約束。並且，在統治者想要保持和吸引創造財富的商人、資本家、企業家和熟練勞動者的政區裡，逐漸地演化了私人產權、對政府壟斷和私人壟斷的抑制、法治，以及民主的、受限制的政府。」「私人產權和法治等制度構成了軟體，它們使個人、民間廠商、公共機構有可能創造和運用現代經濟文明的各種硬體，如工廠、大樓和運輸設施。制度大都不很直觀，但是，要想確保所有公民從物質資本和勞動者的艱苦努力中受益，要想使增長過程歷久不衰

8　李光燦、呂世倫：《馬克思、恩格斯法律思想史》（北京市：法律出版社，1991年），頁127。

並伴有社會的和諧、公正和安定，制度必不可少。」[9]義大利共產黨創始人葛蘭西在他的《獄中札記》中詳細分析了現代資本主義社會中的市民階層，他寫到：「目前，我們可以確定上層建築中的兩個主要層面：一個可以被稱作『市民社會』，即通常稱為民間社會組織的集合體；另一個則是『政治社會』或國家。」[10]他還認為，資本主義社會最堅實的基礎不是它的國家機器，而是緩慢發展起來的市民階層。這個階層的內部結構不是靠傳統的倫理道德或等級制度來維持的，而是靠人與人之間的利益關係。對此，筆者想補充一句，就是：靠在充分尊重這種利益關係基礎上建立起來的一種新的社會道德法律關係。

四　結語

比利時史學家亨利・皮朗在《中世紀歐洲經濟社會史》中談到中世紀城市起源時指出：首先是一些商業移民聚集在有防衛設施的城堡周圍，然後，他們逐步建設起自己的防衛設施並取得了對城市的控制權。同時，商人移民吸引了手工業的出現和發展，使人口進一步聚集；這些有了防衛能力的商業移民還建立起一套不同於歧視商業的封建法、教會法的法律體系來保障他們的自由、安全與財產[11]，在爭取

9　〔德〕柯武剛、史漫飛：《制度經濟學——社會秩序與公共政策》（北京市：商務出版社，2000年），頁1-2。

10　Anthony Gramsci, *Prison Notebooks*, Hoare, Q. et al (eds.), (London: Lawrence & Wishart, 1971), p. 2.

11　在中世紀，教會不僅是道德的權威，而且是一支可觀的經濟力量。教會擁有大量的地產，同時還可以用信徒和香客的施捨在歉收的時候向窮人貸款。教會一方面是商業的壟斷者，另一方面禁止非教會成員經商，教會法排斥世俗社會的商業行為，禁止牟利行為。世俗世界的封建法也反對商業行為。因為商業交易與封建的人身依附是格格不入的，商業的發展不利於封建制度和農業社會的穩定；更重要的是，教會嚴厲地控制著世俗國家，世俗的法律也必然要反映教會反商業的道德觀。

到了司法自治後又爭取到了行政自治，出現了大批自治城市以至城市
國家，出現了市民階級。皮朗還進一步分析了十一、十二世紀歐洲商
業活動及城市復興後歐洲商貿活動的幾個重大發展，即交通與安全設
施的改進、全歐洲性的國際集市與港口的形成、適應國際貿易的貨幣
的大量鑄造與流通、匯兌借貸的廣泛發展、合夥投資及保險業的出現
等等。指出：歐洲商人進行的貿易活動中，獲利最豐厚的是從阿拉
伯、印度、中國、俄羅斯運來貴重稀缺貨品的國際貿易，這種國際貿
易已經具有資本主義性質。正是這種資本主義性質的貿易刺激了商品
經濟繞過城市行會的束縛滲入農村占領陣地，這對近代民族國家的形
成及保護主義、重商主義政策的出現創造了條件。也就是說，資本主
義經濟（即筆者所說的「市民主義經濟」）首先是在自治城市萌芽，
然後通過各自治城市間的商業網絡向農村以及更加遙遠的地方擴散，
通過城市滲透農村，又從歐洲走向世界，最後實現了「全球化」。

　　在這一歷史進程中，我們可以看到一條清晰的主線，即歐洲中世
紀自治城市的出現、市民階級的產生、市民意識的形成、市民主義經
濟的成熟及其擴張。而在中國，由於很早就進入大一統的中央集權體
制，沒有多元的政治環境，不可能出現真正的自治城市，因而也就沒
有產生真正的市民階級，不可能出現市民主義經濟（即與專制社會商
品經濟有著本質不同的「資本主義市場經濟」）。中國歷史上多次出現
的所謂「資本主義萌芽」，實際上不過是每次大的戰亂之後，社會經
過一段較長時間的和平穩定發展，傳統的商品經濟發展到一定程度所
產生的物質繁榮而已——它缺乏本文所論述的支撐市場經濟產生和發
展所必須的諸多要素，因而無論社會物質財富積累到何種程度，都不
可能把中國引入資本主義社會的大門。

唯思史觀[*]
——人類認識自身何以發展的新的思想方法

一　辯證法、唯物論與唯物史觀

哲學史上，儘管與兩千年前亞里斯多德將歸納與演繹相結合交替運用層層推進的直覺歸納演繹法相比，很難說黑格爾「正題→反題→合題」的辯證發展思想更加高明，但它的確比笛卡爾等其他唯理主義者所主張的以先驗的普遍公理為理論基礎的觀點更為合理。馬克思恩格斯將這個「合理的內核」與費爾巴哈的唯物主義結合在一起，創立了辯證唯物主義，並提出「存在決定意識」這一唯物主義認識論觀點，用來考察人類社會歷史發展過程，得出歷史唯物主義的結論，即唯物史觀。

（一）辯證法

辯證法在西方經歷過三個重要的發展階段，即古希臘辯證法、黑格爾辯證法、馬恩辯證法。[1]

在古希臘，辯證法一詞的意思是「進行談話的藝術」，即在談話

---

*　唯思史觀，又稱「智創史觀」。

1　實際上，辯證法還有一個中國分支——毛式辯證法，即將黑格爾辯證法與陰陽思想相結合，變黑格爾辯證法聲稱一個事物的自身矛盾是其進步發展的源泉，為斷言兩個事物之間的矛盾是其進步發展的源泉。「毛式辯證法」與馬克思「階級鬥爭學說」相結合，即成為「馬克思主義中國化」的「毛澤東思想」之核心。

中揭露對方論斷中的矛盾並克服這些矛盾以求得真理的方法。較為典型的是蘇格拉底，他認為辯證法是通過對立意見的爭論進而發現真理的藝術，所謂「真理越辯越明」。

黑格爾繼承了哲學史上關於辯證法是揭露事物自身矛盾的思想，並把這種矛盾視為支配一切事物和整個宇宙發展的普遍法則。黑格爾說「上帝已經死了」，不過他同時創造出一個新的上帝——絕對精神，認為絕對精神創造了一切。黑格爾很重視精神的自我運動，把這種運動原則叫做「辯證法」。實際上，他的絕對精神不是活動著的某物，而是活動本身——絕對精神通過正→反→合的所謂辯證法運動，分階段地把包括精神的和物質的種種事物顯現出來。

不難看出，黑格爾是用「絕對精神」置換了上帝；稍後的辯證唯物主義者則是用物質力量置換了絕對精神，從而使黑格爾的「唯心主義辯證法」變成了馬恩的「唯物主義辯證法」。因此，唯物史觀與唯心史觀貌似針鋒相對，本質上是相同的——都屬於歷史決定論，認同歷史必然性。即都認為人類歷史是「不以人的意志為轉移」的，而是被某種外在於人類的力量所支配——人類社會歷史發展是一種有規律的、可預知的、必然的、宿命的進程。這個決定人類命運的力量，在古代中國是「上天」，在古希臘柏拉圖那裡是「理念」，在中世紀阿奎那那裡是「上帝」，在近代孟德斯鳩那裡是自然環境，在拉普拉斯那裡是「全知全能的精靈」，在黑格爾那裡是「絕對精神」，在叔本華、尼采那裡是外在於人類的所謂「意志」、「超人」，在當代唯物質主義者那裡是物質力量（經濟基礎、生產力、自然稟賦、資本、GDP），如此等等。我們可以將其簡單歸納為：歷史唯心主義者的上帝是形而上的；歷史唯物主義者的上帝是形而下的。[2]

---

2 這一點正是人本主義的唯思史觀與舊史觀（神本主義的唯心史觀及物本主義的唯物史觀）的根本分歧之所在。如同下文詳細闡述的那樣：唯思史觀認為，以唯物、唯

　　對立統一規律、量變質變規律、否定之否定規律，被稱為「辯證法三大規律」，是黑格爾在《邏輯學》中首先闡述出來的。其中的前兩個規律，即對立統一及量變質變規律，熟悉中國古代哲學思想的人都不會感到陌生，因為古代東方人很早就熟練掌握了這種辯證思維邏輯。《易經》：「一陰一陽謂之道。」「生生之謂易。」「否極泰來。」《道德經》：「反者，道之動。」「禍兮福之所倚，福兮禍之所伏。」「有無相生，難易相成，長短相較，高下相傾，音聲相和，前後相隨。」「將欲歙之，必固張之；將欲弱之，必固強之；將欲廢之，必固興之；將欲取之，必固與之。」《呂氏春秋》：「全則必缺，極則必反。」《鶡冠子》：「物極則反，命曰環流。」《心經》：「色即是空，空即是色」等等，都飽含前兩個規律所揭示的辯證思維。辯證法的第三個規律──否定之否定規律，的確是一個創新。然而，它是否是符合「關於自然、人類社會和思維的運動和發展的普遍規律」（恩格斯語），卻是個疑問。因為自然演化及人類社會的發展都不支持這一所謂客觀規律。

　　否定之否定規律強調事物每經過一次否定之否定，都會產生新的進步，所謂「週期性螺旋式上升和波浪式前進的發展」。對此，我們先從自然科學層面加以考察。以恩格斯在《反杜林論》中所舉的麥粒為例。麥粒經過麥粒→作為植物的小麥→麥粒，完成了肯定→否定→否定之否定的生長週期。然而，新的麥粒與「被否定」的麥粒相比，有「上升」和「發展」嗎？事實是，自然界中任何一粒種子，哪怕經

心史觀為代表的歷史決定論即歷史必然論是完全錯誤的──人類社會的歷史發展既不是外在於人類的精神所決定的（唯心史觀）、也不是客觀物質條件所決定的（唯物史觀），而是人類自己決定的──人類將自己的思想力作用於外部世界，從而部分改變了自在世界、建立起人工界。正因為「全部人類歷史從根本上說是思想的歷史」（《世界史綱》作者威爾斯語）、而置身於同樣社會存在的人們會產生不同思想，所以人類社會歷史發展充滿了變數、沒有必然性可言。

過千百萬次的否定之否定，也不一定產生優於父代的新品種——雖說客觀上存在發生各種變異的可能，但是這種機率微乎其微。譬如，許多單細胞生物已經在地球上生存了幾十億年，經過了無數次「否定之否定」（分裂繁殖），到頭來依舊是單細胞生物，沒有絲毫「上升」和「發展」。

人類社會是否是按照否定之否定的規律發展進步的呢？答案幾乎是完全相反——人類文明史上大的災難，很多都是新舊政權交替時期發生的！中國歷史上，周克商後，曾經遠遠領先於周族的商族文化，幾乎全部湮滅；楚滅秦，項羽進咸陽後火燒咸陽宮、阿房宮，大火延燒三個月，官方保存的文物典籍統統化為灰燼；成吉思汗對人類文明的破壞更是罄竹難書：被他「否定」的國家，都是當時世界上最文明、最繁榮的地方，很多地方直到近千年後的今天都沒能恢復昔日的輝煌。按照否定之否定規律，每一個新政權的建立，都是對舊政權的否定，都應該代之以更高級的統治形式。然而事實上，中國的集權專制政權，幾千年來不斷的被否定、被更替，到頭來依舊是集權專制，甚至是越來越專制，並未遵循「螺旋式上升」規律、一步步變得越來越民主。

（二）唯物論與唯物史觀

「存在決定意識」這一命題，從唯物論的反映論來說，當然是正確的。但是用來分析人類社會歷史發展則是不夠的。這是因為：存在決定意識就生物界來說，是一切動物都有的現象。一切生活在客觀現實世界中的動物，為了生存的需要，都會在感覺客觀環境變化中產生「趨利避害」的意識。因此，廣義而言，不只是人類，凡生活在現實自然界中的一切動物，都在不同程度上是具有意識的、都會有「趨利避害」的意識並自覺採取應對的措施和行動。例如在洪水氾濫的季

節，原來生活在較低地區的動物，就會向高處遷移，並採取各種躲避和抵禦洪水的逃生方式；待洪水退去後，再遷移回來。它們年復一年，只要季節性洪水的自然條件不斷地重演，這些動物的躲避洪水的遷移逃生方式，亦會年復一年，乃至世代重演著。所謂「天不變，道亦不變」——只要客觀自然環境循環往復的規律不變，那麼應對這種變化而採取的有效措施和行動也不會變化。它反映了「存在決定意識」是地球上所有動物、包括人類在內都遵循著的共有規律，雖然在它們之間這一規律表現的方式和程度上有著種種差別。我們把這個規律稱作「初級規律」。

但人類畢竟不是一般的動物，他是地球上最高級的動物，是地球上的「萬物之靈」；他不只與一般動物一樣，受「存在決定意識」所產生的初級規律的制約，更受一般動物所沒有的、為人類所特有的「高級規律」的制約。

正確認識制約人類社會歷史發展的高級規律，首先必須了解人類社會歷史發展的特殊性。那麼，什麼是人類社會歷史發展的特殊性呢？實際上，馬克思恩格斯在很多文章中已經非常接近指明了這一點。在《1844年經濟學哲學手稿》中，馬克思提出了勞動創造人類歷史的觀點：「整個所謂世界歷史不外是人通過人的勞動而誕生的過程。」[3]在《德意志意識形態》中，馬克思恩格斯進一步指出：「這種活動、這種連續不斷的感性勞動和創造、這種生產，正是整個現存的感性世界的基礎，它哪怕只中斷一年，費爾巴哈就會看到，不僅在自然界將發生巨大的變化，而且整個人類世界以及他自己的直觀能力，甚至他本身的存在也會很快就沒有了。……先於人類歷史而存在的那個自然界，不是費爾巴哈生活其中的自然界……因而對於費爾巴哈來

3　馬克思／恩格斯著，中共中央馬克思恩格斯列寧斯大林著作編譯局譯：《馬克思恩格斯全集》（北京市：人民出版社，1979年），卷42，頁131。

說也是不存在的自然界……他從來沒有把感性世界理解為構成這一世界的個人的全部活生生的感性活動。」[4]

這段話包含了兩個重要觀點：第一、提出人類的「感性勞動」和「感性世界」（即人類創造出來的、與尚未被人類所感知的世界相對應的新的世界，唯思史觀將其定義為「人工界」）以及兩者間的關係。明確指出：前者對於後者有著邏輯上的優先地位（即作為主體，它在時間次序上可能在後，但卻是時間次序在前的客體存在的依據和條件，可以規定、解釋客體）；第二、強調對於人類而言，尚未被人類所感知的世界，是沒有實際意義的「自在之物」（康德語）。

我們可以把「自在世界」與「感性世界」（自為世界）想像為兩個部分重疊的球體。重疊部分以外的自在世界對於人類來說是未知世界；重疊部位以外的感性世界則完全是人類自己創造出來的世界。譬如，自在世界裡沒有孫悟空，但是這位大師兄的確存在於人類的感性世界裡；再譬如，自在世界裡沒有手機，手機是人類思想智慧形而下的結晶。

隨著人類認識自然能力的增長，越來越多的自在世界進入人類感性世界；與此同時，人類運用思想創造力，創造出越來越多的精神和物質產品，不斷豐富、擴張自己的感性世界。如下圖所示「（彩頁圖，請參見書末圖版）：

---

4 馬克思／恩格斯著，中共中央馬克思恩格斯列寧斯大林著作編譯局譯：《馬克思恩格斯文集》（北京市：人民出版社，2009年），卷1，頁529-530。

自在世界與自為世界（感性世界、人工界）的關係：

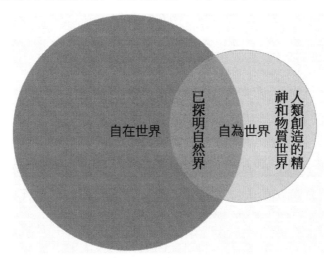

不難看出，人類生活的自為世界（感性世界、人工界）的擴張主要依靠的是人類的腦力勞動。然而，儘管馬克思承認「少量的複雜勞動等於多量的簡單勞動」，但是他所創立的勞動價值論，是以勞動時間的長短來計量價值量的大小，而腦力勞動、尤其是創造性腦力勞動是很難用勞動時間來衡量價值大小的；馬克思的剩餘價值論，同樣輕視乃至忽視了腦力勞動者在價值生成過程中的貢獻，認為剩餘價值＝產品價值－工人工資－生產資料耗費。按照這一理論，企業家無償占有了工人剩餘勞動產生的剩餘價值，所以是剝削體力勞動者的寄生蟲。顯然，馬克思的勞動價值論和剩餘價值論都是建立在體力勞動價值論基礎上的；馬克思所說的創造出人類「感性世界」的「感性勞動」，同樣主要是指其在勞動價值論及剩餘價值論中反覆肯定過的體力勞動。

低估腦力勞動的價值，必然認識不到人類社會發展的特殊性。作為自然人，人類先天客觀條件比不上其他許多動物。使人類從動物世界中脫穎而出、建立起人工界、成為萬物主宰的決定性力量，恰恰是

人類遠遠高於其他物種的思想創造力，即人類的腦力勞動結晶。我們仍以前面所說的洪水氾濫為例。洪荒時代，每當大河氾濫時，原始人類會像其他動物一樣，本能地跑到高處躲避洪水。但是漸漸地人們年復一年通過對洪水現象的觀察、考察，認識了洪水形成和發展的規律性，創造了改造河流環境、疏堵洪水的方法，從而使洪水得到有效治理，變水害為水利，使之造福人類。中國歷史上廣為人們傳頌的大禹治水和李冰父子創築都江堰的事蹟，都是人們對運用創造性思維改造客觀世界、造福人類的偉大功績的頌揚。人類歷史上許多傳說和神話故事中被歌頌的英雄人物，實際上都是對人們運用創造性思維，把反映客觀存在的意識昇華為智慧、反作用於客觀實際的實踐中，從而推進了人類社會進步的業績的頌揚。由此可見，人類的歷史（包括人類作為自然人的歷史和人類社會發展的歷史）是由人類的思想創造的。它遵循的是人類所獨有的高級規律——人類思想反作用於客觀實際，成為改造客觀世界的決定性力量（在改造客觀世界的同時，也改造著人類社會和人們的主觀世界）。這便是我們所說的唯思史觀，也可以稱作智創史觀。[5]

5　雖然人的思想是對意識的提升，但提升的結果、產生的思想，既可能是正確的、也可能是錯誤的。而錯誤的思想用來指導人們的實踐，不僅不能促進人類社會的進步和發展，相反卻可能造成危害、甚至是極大的禍害。人類社會只有在正確思想指引下，才能取得進步和發展。而正確思想的獲得是很不容易的。人類在與自然界和社會實踐的反覆交往中，要積累豐富的感性材料，並從感性的感覺、知覺、表象等感性形式，逐步綜合、推理、判斷，形成概念，由感性認識達到理性認識，進行由此及彼、由表及裡、去粗存精、去偽存真的分析、綜合工作，取得與僅憑感覺無法獲得的對事物的本質和發展規律的認識，並用它來指導自己的行動，有目的、有方向、有預見地、能動地反作用於客觀實際，以達到改造客觀世界、使之符合人類自身發展需要的目的。這種反作用於客觀實際、進而改造客觀世界的思維能力，便是人類的智慧。智慧才是人類社會歷史進步、發展的創造者。如同魯迅所言：「知識不是力量，智慧才是。」唯思史觀的「思想」是就總體而言的；具體而言，「思想」是指人類的正確思想即智慧。所以唯思史觀也可以稱作智創史觀。

二　人本主義的回歸——唯思史觀（智創史觀）

「天道遠，人道邇。」唯思史觀不是在哲學層面上探討先有上帝還是先有萬物的問題（即唯心唯物之爭），而是要回答亟待人類解答的現實問題：芸芸萬物之中，是什麼力量使人類從動物世界中脫穎而出、成為主宰，由自然界一步步邁入人工界？推動人類社會進步的真正動因是什麼？建設更加美好社會最為有效的手段是什麼？與強調存在決定意識、能夠很好地解釋動物界及人類早期生存狀態的唯物史觀相比，強調思想對於人類脫離動物界、逐漸加速邁入人工界的歷史進程中所起的決定性作用的唯思史觀，對人類社會歷史發展的解釋更具合理性。

唯思史觀對人類社會歷史發展的論點，可以概括為四個方面：

（一）人類之所以能夠從自然萬物中脫穎而出，建立起人工界，是因為擁有無比強大的思想創造力

當人類把思想力作用於外部世界的時候，世界被人類部分改變了。因此，推動人類社會進步與發展的真正動因，不是作為客體出現的物質財富，而是作為主體的思想的力量。一部人類社會文明發展史，就是人類思想不斷進步、創造和發展，使人類由自然界邁入人工界的歷史。人類脫離自然界、邁入人工界的進程越是加快，與其他本能性發展物種有著本質區別的思創性發展特徵就越加明顯。作為世間獨有的主要依靠創造性思維發展的物種，思想力是人類獨有的能夠創造財富的財富——思想力解放程度高的社會，必然會比思想力解放程度低的社會創造出更加豐富的精神財富和物質財富。只有思想的解放、文化的進步、觀念的更新、制度的創新、政策（向更為合理方向）的轉變，才能最大限度發揮每個人的思想創造力，進一步解放社

會生產力，使社會各個領域的全面發展成為可能。以日本明治維新為例：

明治維新原本是一批思想保守的封建武士因為不滿執政的幕府政權積極向西方學習的開國政策，在部分同樣對幕府統治心懷不滿的地方藩國勢力的支持下，打著「尊王攘夷」（多麼像中國義和團的「扶清滅洋」！）的旗號發動的一場反改革政變。滑稽的是，這些反叛者上臺後，因為不知道該如何治國，於是發揚日本人不恥上問的好傳統，將新政權三分之二副部級以上高官全部裝到從美國租來的一艘小客輪上，送往歐美先進國家考察學習，史稱「岩倉使節團」。對先進國家將近兩年的深入考察，使這批政府精英徹底轉變了思想。他們「始驚、次醉、終狂」，回國後，立即效法西方，對日本進行全面徹底的現代化改造。首先，果斷中止政府主導發展經濟的低效率的「殖產興業」政策，代之以在競爭性領域全面推進「國退民進」政策，主動將普遍經營不善的國企以極低價格轉讓給民間，使其迅速做大做強；同時，全身心投入國家的現代化制度建設，大力推進對西方近代政治、法律和教育制度的全面移植，在普及現代化教育的同時，努力為社會提供一個現代化的秩序平臺。統治精英集團的思想轉變以及由此帶來的制度創新的有效實施，使日本迅速改變了落後弱小的面貌。[6]

（二）思想創造力影響人類社會生活的基本模式

人類思想活動形而上的結晶，包括思想、文化、道德、觀念、法律、制度、政策、科技發明、管理方法等等；而物質，則指獨立於人類的自然存在，以及人類思想活動形而下的產物，如桌椅、電腦等等。

---

6 對這段歷史的詳細分析，請查閱拙作：〈還歷史本來面目──重新審視日本明治維新〉，《東北亞論壇》2006年第5期。

　　人類思想結晶產生的先後順序及其影響人類社會的重要性程度，一般依三個層次展開：思想、文化、道德、觀念等為第一層次，最為重要；法律、制度、政策等次之；科技發明、管理方法等又次之，而包括經濟發展在內的社會各方面的發展及財富的增加，不過是上述三個層次的思想成果依次作用的結果而已。

　　因此，社會的創新，首先在於思想文化觀念的創新，由此貫徹到法律、制度、政策層面，進而通過法律、制度、政策的創新，帶動科技、管理等方面的創新。以中國歷史為例：

　　劉邦建立漢朝與朱元璋建立明朝時，同樣都面臨著多年戰亂留下的巨大創傷：人口和社會財富銳減、百業凋敝、民不聊生。劉邦聽從了書生陸賈的建議，一改秦代苛徵暴斂、嚴刑峻法的政治、經濟、思想文化等方面的制度和政策，採用黃老之學「無為而治」的治國思想，採取了一系列放鬆政府管制的政治、經濟、文化政策（包括政治上恢復地方自治，將百分之八十以上土地分封，基本上不干涉各郡國內部事務；經濟上允許民間資本自由進入包括鹽鐵、鑄幣等關乎所謂「國計民生」的所有競爭性領域，「與天下同利」；文化上允許自由爭鳴、甚至書生在皇帝面前辯論異常敏感的政治話題，後者還能以「食肉毋食馬肝，未為不知味也」輕輕化解）。經過幾十年的努力，迎來了中國歷史上第一個盛世──文景之治，社會財富極大豐富，由漢初「自天子不能具鈞駟，而將相或乘牛車，齊民無藏蓋」的窘迫局面發展到「民則人給家足，都鄙廩庾皆滿，而府庫餘貨財。京師之錢累巨萬，貫朽而不可校。太倉之粟陳陳相因，充溢露積於外，至腐敗不可食。眾庶街巷有馬，阡陌之間成群，而乘牸牝者，儐而不得聚會」[7]，實現了政府與百姓共同富裕。

7　〔漢〕司馬遷：〈平準書〉，《史記》（北京市：中華書局，2005年）。

　　朱元璋的統治思想則完全相反——他既不鼓勵解放思想、也不採取解放思想力的政策，而是壓制思想、實行高度的集權專制：在政治制度上廢除宰相，將君主集權專制推向極致；在思想文化上借助抓教育來維護集權統治，規定科舉考試必須以欽定的《四書》、《五經》為內容，以程朱理學為標準，迫使讀書人為應付官府壟斷的科舉考試而苦苦背誦官方規定的標準答案，禁錮了知識份子的思想。朱元璋還通過戶帖、路引制度，將百姓固定在方圓百里的土地上，不得自由流動。同時「北修長城，南禁海貿」，將自家籬笆紮得緊緊的，儘量減少與外部世界的貿易往來。朱元璋保守、專制、封閉的思想及政策，嚴重影響了明初社會經濟的恢復與發展。如戰亂前經濟、文化最為繁榮的江南地區，直到一個世紀後的弘治年間才開始復甦。[8]與有明一代相對應的、原本全面落後於東方的歐洲，則通過文藝復興、思想解放、宗教改革，以及隨之而來的地理大發現，很快把中國甩在身後！不難想像，如果朱元璋有漢高祖、宋太祖那樣的胸襟，有彼得大帝、明治天皇那樣的開拓性思維和積極進取思想，那麼憑藉早已獨步全球的強大海軍（哥倫布發現新大陸的時候，歐洲的造船水準還遠不如五百年前的宋代），中國極有可能先於歐洲稱雄世界。

（三）思想結晶的偶然性決定了由思想推動的人類歷史發展沒有必然規律可言

　　人的創性思維能力並非僅僅由客觀存在所決定，相同的客觀存在對於不同的人們可能產生的意識亦有不同，更無法決定產生什麼樣的

8　成書於弘治年間的《寓圃雜記》載：「吳中素號繁華，自張氏之據，天兵（即朱元璋的軍隊）所臨……邑里蕭然，生計鮮薄，過者增感。正統、天順間，余嘗入城，咸謂稍復其舊，然猶未盛也；迨成化間，余恆三、四年一入，則見其迴若異境，以至于今，愈益繁盛。」

思想。現代認知心理學研究成果及實際觀察結果均表明：置身於相同社會存在的人們，會產生不同的思想。[9]正如休謨「想像自由原則」所指出的那樣：印象不過產生簡單觀念，每個人都會在內心中自由組合各種觀念，從而產生印象中所沒有的新的複合觀念（即新的思想）。環顧我們身邊熟人，在相同的社會條件下，由於每個人思想觀念及思維能力的差異，導致事業與成就天壤之別的例子比比皆是。

在人類社會中，每個人都不同於自然界中均質的分子，都有自己的思想、道德、觀念、習慣，都在（主要根據每個人的能力大小及其所處社會階層的高低）對社會產生不同程度的影響──千千萬萬處於社會不同階層的能力大小不等的擁有不同思想的人之間的不間斷的博弈，使人類社會的發展存在無數的變數和不確定性。[10]正由於人們思想的產生和發展具有很大的不確定性，所以由人類思想推動的人類歷史發展的具體進程也就具有很大的不確定性。那種斷言人類社會必然遵循某種既定規律，向著可預的、既定的發展模式前進的觀點是沒有根據的。

對人類社會歷史產生巨大影響的思想，既有正確的，也有錯誤的──其之所以能夠在某個時期成為主流、主宰社會，並非是符合了臆想的「歷史發展客觀規律」，而僅僅是因為這種思想的擁有者能力超群、機遇奇佳。很多人鼓吹或信奉歷史必然論，是因為它既是勝利

9　唯思史觀不探討為什麼置身於同樣社會存在的人會產生不同的思想──這或許是因為每個人的大腦構造、基因稟賦不同，或許是因為佛家所說的眾生之「藏識」不同。藏識可理解為「思想的種子」──土壤、水分等客觀因素的確很重要，沒有這些客觀條件，種子不會發芽、開花；但是發什麼芽、開什麼花，並不取決於客觀條件，而是取決於眾花之「藏識」──種子的不同。人類社會同樣是如此。

10　這一原理同樣適用於經濟領域。如同哈耶克在《致命的自負》中所指出的那樣：「創造財富不僅僅是個物質過程，也不能用因果鏈來解釋。對這種活動起決定作用的，不是任何頭腦都能掌握的客觀的自然事實，而是千百萬種分散的不同資訊，它們結晶為價格，以此引導人們進一步做出決定。」

者成王敗寇式的說辭，又是失敗、失誤、失意及被犧牲者掩飾錯誤或自我安慰時的遁詞，還暗合了大眾普遍存在的追求某種確定性的心理──正是因為人類社會發展存在著無數的變數和偶然性，使芸芸眾生覺得難以掌握自己的命運，因而祈望能從紛繁的社會現象中找出某種易於認知的規律，以及能掌握並運用這種規律的人來，以寄付自己的身心。進而言之，意識到生命短暫，所以很多人渴望將自身的卑微融入某種永恆，以賦予自己的人生某種價值、使之「不朽」──於是形形色色的自稱發現並掌握了人類社會發展規律、能夠指引人們進入「天堂」的人出現了──他們以真理的化身自居，以救世主的名義欺騙、操縱、愚弄人民，給社會帶來了極大的災難──古今中外，越是堅稱唯有自己擁有絕對真理、能夠指明眾生必經之路的宗教，越是容易吸引狂熱信徒；人類歷史上的多次浩劫，都與這種鼓吹歷史必然論的宗教意識的煽動和泛濫有關。

（四）只有自由、民主、法治的社會制度，才能真正解放思想力、最大限度保證社會被正確思想所引導

　　人類最具獨創性的社會行為，是交換產品──包括交換思想產品與交換物質產品。雅各布斯在《城市經濟》中正確地指出：不是生產促進了交換，而是交換促進了生產。交換產品是水龍頭，生產的增加是流出來的水──不先擰開水龍頭，水是不會自動流淌出來的（即如果沒有產品交換市場，人們就會滿足於自給自足，而不去生產「多餘」的產品）。而交換市場的發達，對更多產品的需求，呼喚生產效率的提高，從而促進了社會分工和科技進步。交換市場的發達與否直接決定了人類社會進步與發展的速度。[11]人類的交換行為不僅提高了

---

11 東亞的甲骨文是善於經商的商人創造的；西亞的亞蘭字母同樣是善於經商的亞蘭人創造的。這是偶然嗎？

物質文明水準，還提高了精神文明水準。所謂自然經濟社會人心淳樸、商業社會使人墮落的斷言是沒有事實依據的。孟德斯鳩說：「有商業的地方便有美德。」而習慣於自給自足、很少與外界交換的民族，其「美德」僅限於極小範圍，不具有普遍性。[12]人類歷史上，遊牧社會的發展之所以總是遠遠落後於農業社會，是因為在地廣人稀的大草原上，人類獨有的兩個市場──物質產品市場和思想產品市場都不如農業社會發達；工業社會之所以能夠迅速超越農業社會，同樣是因為在城市商工社會裡，兩個市場都比農業社會更為發達。

　　思想產品市場的正常運行，有賴於對基本人權的尊重與保護，以及政治、宗教寬容帶來的思想解放；物質產品市場的正常運行，有賴於私有產權的確立及保護、法治社會的建立，以及法律、契約、公平交易意識的形成。縱觀人類歷史，不難發現：凡是兩個市場都能正常運行的社會，必定是日益繁榮的社會；兩個市場都無法正常運行的社會，必定是走向衰敗的社會。前者如中國文景之治、貞觀之治、[13]《清

---

12 比農耕民族更「原生態」的漁獵及遊牧民族熱情好客，並不是因為更善良高尚，僅僅是因為孤獨──在荒無人跡的地方長年累月與動物相依為命，寂寞難耐；偶爾有同類走過，不僅能滿足他們急於交換生活必需品的物質需求，還能極大地滿足他們的精神需求──告訴他們外面的世界有多麼精彩，他們當然會欣喜若狂、熱情款待（歷史上很多偏遠地方甚至有讓自家女人陪客人過夜的習俗）。但是對於不能帶來任何好處的人，他們就不見得那麼客氣了。《古拉格──一部歷史》記載：沙皇時期，西伯利亞貧苦農民對越獄犯人與逃亡農奴常常施以援手（如在窗外默默地放一塊麵包，任由陌生逃犯享用）；但是到了史達林時代，凡舉報、捉拿、殺死逃犯者，當局均有獎賞。很多勞改犯人回憶說：愛斯基摩人（漁獵民）與哈薩克人（遊牧民）最為熱衷此道，一些人成為職業賞金獵手，專門搜捕囚犯以換取一公斤茶葉或者一麻袋小麥。在西伯利亞的金礦科雷馬，當地居民（那裡極其寒冷，除了被罰苦役的政治犯，只有漁獵及遊牧民）常拎著逃犯的一隻右手或一顆頭顱，來領取250盧布的獎賞。

13 魏徵因政見分歧多次犯顏直諫，李世民不以為忤；權萬紀建議將民間經營的銀礦收歸國有，李世民立即將他削官為民。從李世民對思想及商品兩個市場的寬容態度，可以看出貞觀之治絕非偶然。

明上河圖》中的北宋時期，[14]以及蒙古軍隊蹂躪前的阿拉伯世界、啟蒙運動後的西歐等等；後者如西漢武帝時期、明初朱元璋時期、歐洲黑暗的中世紀等等。而一個市場發達、另一個市場萎縮的社會，其社會發展水準當介於兩者之間。

如今人們大多重視發展一般產品市場，其實思想產品市場的發展更為重要。一項研究結果表明：如果一個城市是另一個城市規模的十倍，其創新能力將會是後者的十七倍；如果一個城市是另一個城市規模的五十倍，其創新能力將會是後者的一百三十倍。即城市越大，產生新思想的能力就越強、速度越快，人均產生的專利和發明數量越多，創造的精神和物質財富也越多。這是因為相對於農村，城市的思想市場——各類咖啡館、沙龍、俱樂部等「第三空間」更為發達。城市生活大大增加了人們交換思想產品的機會，不同思想在這裡交流、碰撞，產生新的火花，從而增加了人們創造財富的手段和機會，促進了包括經濟在內的社會的全面發展。譬如，十八世紀英格蘭的咖啡館孕育了啟蒙運動時期的大量創新——電學、保險業，以及民主的制度設計等等都是在咖啡館產生的；在法國，許多現代主義思想誕生於巴黎的咖啡館；在奧地利，佛洛伊德在自己家裡開辦了著名的星期三夜沙龍，生理學家、哲學家和科學家們聚集在一起自由討論，正是這種討論幫助形成了心理分析理論；在美國，個人電腦革命的火花是一九七〇年代在一些愛好者組成的 Homebrew 電腦俱樂部點燃的。[15]

由此可見，思想力才是人類社會最為寶貴的、能夠創造財富的財富——思想市場越發達，社會成員的思想創造力就越能被充分激發出

---

14 宋代不殺有不同思想的知識份子，全面取消對商業活動的時空限制，積極發展海外貿易，是中國歷史上兩個市場最為開放的時代。

15 見〈城市：創新的天堂〉，《南方週末》，刊登2012年12月27日。筆者懷疑這篇文章摘譯自 New York Times: "A Physicist Solves the City."

來，就越有可能創造出更多更好的精神產品和物質產品。中國的歷史同樣可以證明這一點：春秋戰國、文景之治、貞觀之治、北宋時期等等，都是中國歷史上政治最為寬鬆、思想最為解放的時期，中國社會在那些歷史階段所取得的思想文化科技成果最多、創造出的物質財富也最為豐富（春秋戰國時期還應該將常年戰亂造成的損失排除後加以評估）。

因此，唯思史觀強調的「自由」有其特定含義，是指交換產品、特別是交換人類社會最重要財富——思想產品的自由，即言論出版自由。自由寬鬆的社會環境，既是產生新思想的最肥沃土壤，也是各種思想產品得以展示、交流、被選擇的最佳保障；如果言論出版自由得不到社會的尊重和保障，那麼更多更好的思想產品就無法為社會所知曉，從而使民眾失去了從中作出最有利於自身利益的選擇的機會、失去了建設更加美好社會的機會。[16]另一方面，如果沒有民主，社會大眾只能眼睜睜看著各種思想產品爭奇鬥豔，卻無法作出有利於自己的選擇，各種思想產品也失去了其存在的社會價值。

進而言之，儘管思想市場對所有人開放，但是真正有機會進入思想市場展示思想產品的，只可能是少數精英。因為普羅大眾受社會階層、知識儲備、思維能力等多方面限制，很難生產出高水準的思想產品。如同哈耶克所言：「大多數人確實沒有能力跟上思考的艱難腳

---

16 美國學者彼特沃克在《彎曲的脊樑》中說：二戰時期，希特勒組織了大規模的對外宣傳，效果甚微；冷戰時期的蘇聯也曾經使「俄羅斯之聲」響遍全球，但是對西方人基本無效。因為在正常社會裡，資訊來源豐富、獨立，沒有任何一個媒體可以強大到佔領一切管道、輻射所有受眾，也沒有任何一種力量能控制所有媒體和思想。但納粹德國在國內的宣傳卻十分有效。這得益於「洗腦網」的建立——希特勒其及粉絲們宣稱自己掌握了絕對的真理，控制了所有資訊和知識傳播工具，從報紙到電臺電影、從作家到藝術家、從律師到學者全部受控於一個力量、被灌輸一種觀念，只許信仰、不許懷疑，實現了思想的高度「集中與統一」，最終將德國引向災難。

步,無論什麼樣的學校教育,都無助於那些連最簡單的命題都不能透徹理解的人去理解複雜的命題。」[17]因此,他們的思想產品在比物質產品市場要求更加苛刻的思想產品市場的競爭中,多數會很快被淘汰。然而,思想市場對於普羅大眾同樣重要。因為儘管他們大多沒有能力在思想市場展示自己的產品,卻不乏在眾多思想產品中挑選出最有利於自己利益的那一款(思想產品)的能力,進而可以通過民主制度,用手或用腳投票,落實自己滿意的思想建議。舉個小例子:二〇〇八年有關部門推出如今飽受詬病的「四萬億計畫」時,因為聽不到公開的質疑聲,普羅大眾不明就裡習慣性地盲目稱讚;少數學者激烈反對,卻無處發聲——筆者當時不僅在授課中提出質疑,還向幾乎所有重要報刊投稿,力陳其不可,卻沒有得到任何回音(思想市場不開放的結果)。時至今日,事情的是非大家都明白了,但是我們卻交了不該交的「學費」。

因此,唯思史觀強調,交換思想產品的自由必須是政治民主的前提——沒有開放的思想市場,沒有言論出版自由,民智得不到開啟,民主很容易演變成民粹乃至暴民政治。而法治則為人類各項正常社會活動提供了一個必不可少的秩序平臺。所以,自由、民主與法治,既是人類建設美好社會的目標,也是實現這一目標的最佳手段。

應該特別指出的是,智創史觀強調在人類社會歷史發展過程中,思想所起的作用比物質條件更為重要,與承認物質世界先於人類精神世界存在的所謂物質第一性、精神第二性的哲學觀點並不矛盾,因為這是兩個完全不同的命題——前者遵循的是「邏輯在先」原則,後者遵循的是「時間在先」原則。混淆了這兩個原則,就很容易得出非常荒謬的結論。譬如,張三的父親因為不善於管理,使得家族企業瀕於破產。無奈之下,張父把企業交給張三管理,結果張三因為善於經營

---

17 阿蘭・艾伯斯坦:《哈耶克傳》(北京市:中國社會科學出版社,2003年),頁49。

使得企業起死回生。試問：對於這個張氏家族企業而言，張三重要還是張父重要？如果按照時間在先原則思考這個問題，很容易得出如下荒唐結論：「張三固然重要，但張三是張父所生，所以張父比張三更重要！」由此可見，在很多情況下，派生的東西可能比原生的東西更重要，自然界中是如此，人類社會中同樣是如此。

三　唯思史觀（智創史觀）的時代意義

馬恩創立的辯證唯物主義與歷史唯物主義，在哲學思想和意識形態理論上有劃時代的重要意義。但是他用「存在決定意識」的唯物主義觀點解釋人類社會歷史發展，形成唯物史觀，對人類社會歷史發展的理論解釋是不充分的。他只是論證了我們稱之為初級規律的作用，而沒有論述意識升華為智慧、反作用於客觀實際，成為改造客觀世界的決定性力量，即我們稱之為高級規律的作用。縱觀他提出「存在決定意識」這一唯物史觀重要命題的《政治經濟學批判序言》全文，全然沒有提及意識反作用於客觀實際這一對人類社會歷史發展有決定性意義的命題。儘管後來恩格斯在《自然辯證法導言》中曾經提及：「工具的出現……意味著人對自然界進行改造的反作用，……而人之所以做到這點，首先並且主要地是由於手。……隨著手的發展，頭腦也一步一步地發展起來。」[18]但是，恩格斯在這裡只是描述了人類生物學進化的自然過程，並無涉及其所提出的人類社會歷史發展規律──歷史唯物主義的理論，更沒有指出人類思想對人類社會歷史發展所起的決定性、創造性作用。而且就在上述關於人類生物學進化的自然過程的描述中，恩格斯把手的進化、其功能與作用，與腦的進

---

18 馬克思／恩格斯著，中共中央馬克思恩格斯列寧斯大林著作編譯局譯：《馬克思恩格斯選集》（北京市：人民出版社，1972年），卷1，頁456-457。

化、其功能與作用明顯割裂開來，認為手的進化、其功能與作用，其製造和使用工具的功能與作用，與腦的進化、其功能與作用是不相關聯的。這個論點，不能認為是合乎科學的、正確的論點。因為手的任何功能與作用的發揮，都要受腦的支配──如果手獲得了新的使用工具的功能，而腦沒有，則腦就不知道該如何指揮手的動作，手也就不可能正確發揮它的功能與作用。事實上手和腦兩者的進化和發展必須是相互配合、共同發展，才能正確發揮作用。

　　智創史觀對人類腦力勞動在使人類擺脫自然界、邁入人工界的歷史進程中所起的決定性作用的肯定，使人文科學回歸人本主義的研究框架，從而肯定了人類在自身歷史創造過程中的價值與尊嚴。[19]

　　工業革命以後，人們越來越迷信物質的力量；尤其是十八世紀末到十九世紀初，自然科學的迅速發展極大地改變了人們對社會問題的思考方式。唯物質主義思潮同樣影響到了社會科學研究領域。在法國，以聖西門、孔德為代表的一批思想家試圖把自然科學的法則應用於對人類社會的研究。他們致力於發現社會的「規律」，並希望通過少數人對這些規律的直接控制和運用，使人類社會生活趨於完善。在經濟學領域，在研究是什麼因素導致了經濟增長或與衰退時，主流經濟學家們過於關注生產力發展水準，用生產函數來解釋經濟增長，即認為產量的增加取決於勞動、資本、土地和技術等各種生產要素投入量的增加；而思想、文化、觀念、制度、政策等對包括經濟發展在內的人類社會進步起決定性作用的形而上的因素，因為無法量化，始終被視為外生變量而被排除在經濟增長模型之外。這種本末倒置的研究方法是完全錯誤的。歷史經驗表明，如果思想、制度、政策等形而上的因素不正確，那麼土地、資金、勞力等形而下的要素投入再多也不

---

19 有趣的是，筆者在講課中發現：藏族學生能夠更快領悟唯思史觀，因為他們相信「人即是佛」。

一定會創造出預期的價值——有時甚至是投入越多、損失越大（「大躍進」就是一個很好的例子）。

不僅是經濟學家，很多西方人文學科領域的優秀學者，也因為受唯物主義思想方法的影響而試圖對人類社會歷史發展作出「科學的解釋」，使得其研究不具備洞悉推動人類社會歷史發展真實動因的觀察力、研究結論未能達到應有水平。譬如，法國著名史學家布羅代爾認為：長期看來，對歷史起作用的因素，包括地理環境、氣候變遷、社會組織、文化傳統等等。這種唯物主義與唯思主義混雜、但主要是唯物的思想方法，使他的歷史觀帶有濃厚的宿命色彩，否認人在歷史中的主體地位，看不到人類思想及其制度設計對社會結構、經濟變遷所起的決定性作用，無法為其提出的「布羅代爾鐘罩」找到正確答案。

多年來，唯物史觀強調生產力、經濟基礎、客觀環境、物質條件等客觀物質因素對人類社會歷史發展的決定性作用，無形中為唯物質主義[20]及其近親——唯經濟主義、唯科學主義、功利主義、拜金主義、GDP 主義、犬儒主義等的氾濫提供了理論支撐。對於唯物質主義，人們歷來都是從道德層面加以批判，如魯迅曾在《文化偏至論》中指出：「蓋唯物之傾向……必將緣偏頗之惡因、失文明之神旨……歷世精神，不百年而具盡矣！遞夫十九世紀後葉，而其弊果益昭，諸凡事物，無不質化，靈明日以虧蝕，旨趣流於平庸，人惟客觀之物質

---

20 「唯物主義」作為一個外來詞彙，在當代中國實際上有兩重含義：一是在宇宙觀即哲學層面上認為先有萬物、後有上帝（即所謂「物質第一性、精神第二性，世界的本源是物質，精神是物質的產物和反映」）；一是與唯物史觀相通，即在社會歷史觀層面上認為推動人類社會發展進步的決定性力量不是人類的思想創造力而是客觀物質因素。前者可稱為「原教旨唯物主義」，後者可稱為「當代唯物主義」即唯物質主義。因為中國人沒有追問「是誰創造了萬物」的思想傳統（中國古代的「上帝」不同於西方的上帝——前者負責照管已有的天地萬物；後者則首先是萬物的創造者）。因此，中國人骨子裡基本上都是原教旨唯物主義者。所以，當一個中國人強調自己是唯物主義者時，他實際上是在強調他是一個當代唯物主義者即唯物質主義者。

世界是**趨**，而主觀之內面精神，乃捨置不之一省。重其外、放其內，取其質、遺其神，林林眾生，物欲來蔽，社會憔悴，進步以停。於是一切詐偽罪惡，蔑弗乘之而萌，使性靈之光，愈益就於黯淡！」[21]然而，這樣的批判對於不講求道德文明的功利主義者來說是無關痛癢的，而智創史觀則從功利層面揭露其欺騙性及危害性。

人類早期剛剛脫離一般動物界時，對自然界的依賴性較強，社會發展非常緩慢，與其他本能性發展物種有著本質區別的思創性發展特徵還不太明顯，所以唯物主義思維很難被發現破綻。工業革命後，隨著人類脫離自然界、邁入人工界進程的加快，人類獨有的思創性發展特徵越來越明顯，唯物主義思維對人類社會發展的欺騙性及危害性也越加明顯。譬如，李嘉圖提出的具有唯物主義性質的比較優勢理論，是為當時工業技術獨步世界、能大量出口高附加值工業品的大英帝國服務的。一個多世紀以來，凡是盲目信奉或被迫接受比較優勢理論的國家，最終多淪為貧窮落後的「香蕉共和國」[22]；而成功的後發工業國，如德國（按照李嘉圖理論，比較優勢是生產並出口煤）、日本（比較優勢是出口海產品）、韓國（比較優勢是出口稻米）等等，沒有一個是盲目信奉這一理論的。再譬如，上個世紀六〇至七〇年代，發展經濟學曾經風靡一時。但是經濟學家們對於為什麼這一學派迅速式微，迄今沒有給出一個合理的解釋。這是因為，很多經濟學家實際上是唯物主義者，他們相信發展經濟學的核心觀點——用數學模型計算出資金缺口、然後設法填補它，一個國家的經濟就會迅速發展的理論是正確的，沒有認識到人類社會最寶貴的財富是思想，人類是依靠思

---

21 《魯迅全集》（北京市：人民文學出版社，2005年），卷1，頁54。

22 凱恩斯說：「經濟學的思想，無論其正確與否，其力量之大往往出乎常人意料。事實上統治這個世界的，也正是這些思想。許多所謂『實幹家』自以為不接受任何觀念形態的影響，卻往往早已成了某個、甚至已故經濟學家的奴隸。」誠哉斯言！

想力的解放加速發展的——人類社會的每一次真正意義上的進步和長期繁榮，都是思想解放、文化進步、觀念更新、制度創新的結果。[23]

　　唯物主義思維難以被發現破綻還有一個原因，就是如果一個人知識儲備不夠、又不願動腦子深入思考的話，很容易一下子就被某種唯物主義解釋所迷惑。因為唯物主義大師們習慣於信口開河、用同樣「客觀存在」解釋不同結果，以證明臆想中的「歷史必然性」。譬如，前些年中日關係還未惡化時，專家們展望中日關係，都會說：「因為日本經濟不景氣，離不開中國這個巨大市場。客觀條件決定了中日關係不會惡化。」然而沒過多久，中日關係惡化，很多專家給出的理由竟然是相同的：「因為日本經濟不景氣，所以需要借助惡化中日關係來轉移國內矛盾。」實際上，強調「經濟狀況」、「國家利益」等客觀因素的唯物主義理論根本解釋不了真實的國家關係——決定國家關係的，主要是當時領導者的思想傾向及其主觀動機。英國人理查德・內德・勒博在《國家為何而戰？》一書中，對一六四八至二〇〇八年三百六十年間的九十四次大規模戰爭發動者的動機和原因進行了統計和分析，結論是：國家為了面子（即所謂「地位」）而發動戰爭有六十二次，占全部動機的百分之五十八，成為遙遙領先的戰爭動機；其他主要動機包括「炫耀」、「復仇」等等，也都出自主觀因素。而真正為客觀「利益」發動的戰爭只有九次，僅占全部動機的百分之九！[24] 已故美國「最佳外交官之一」李潔明曾經對中國記者坦言：國

---

23 威廉・伊斯特利：《在增長的迷霧中求索》（北京市：中信出版社，2005年1月），頁108中有這樣一段記述：一九八〇至一九九四年十五年間，世界銀行和國際貨幣基金組織曾向十二個國家（阿根廷、孟加拉、象牙海岸、迦納、牙買加、肯亞、摩洛哥、墨西哥、巴基斯坦、菲律賓、塞內加爾和烏干達）提供了多項貸款。但結果是：這十二個國家的人均經濟增長率中位水準竟然是零！看官如果對這些國家的歷史、文化稍有瞭解，運用唯思史觀思考一下，就不難明白為什麼會產生這樣的結果。

24 見〈用「數據集」審視戰爭動機〉，《新京報》2014年3月8日B07版。

與國之間的關係，最重要的是兩國領導人之間的個人關係；必須花大力氣研究對方領導人的思想、愛好，建立起良好的私人關係，這樣才能更準確地預判對方意圖。懂外交的人應該不難明白這段忠告包含了怎樣的真知灼見！其實，國家不論大小，如果能多幾個真正領會並熟練運用這種唯思主義外交思維的職業外交官，自己的國家就不會在外交上屢屢陷於被動。

再以民族關係問題為例。處理民族關係，古人尚知「攻心為上」即打通對方的思想。今天很多唯物主義專家卻只迷信金錢、物質的力量，加上特殊利益集團形成因素的影響（與之相似的還有尾大不掉的援外利益集團問題），結果陷入「撒完錢挨罵，挨完罵再撒錢」的惡性循環。從唯思的觀點看問題，根治頑疾的前提不是撒幣，而是雙方都轉變思想：首先，應果斷摒棄從前蘇聯東施效顰學來的民族優惠政策（對特定民族的優惠實際上是對其他民族的歧視）、倡導民族平等原則，逐步消除被優惠民族思想上日益膨脹的民族優越感；同時，大力普及唯思主義教育，幫助落後地區人民轉變思想、逐漸懂得：人類進入現代化社會以後，所謂「豐富的自然資源」對於社會發展所起的作用越來越小，起決定作用的，是思想、文化、觀念、制度等形而上的力量（否則非洲應該最富有）——內地給西部帶來的不僅僅是資金，更重要的是更為先進的思想觀念、管理制度及科學技術。因此，只有徹底轉變觀念，除舊革新，主動與內地攜手合作，才能徹底改變因思想文化觀念落後而導致的長期貧窮，真正實現各民族共同進步、共同發展的美好理想。

正確的思維方式和思想方法對於個人同樣重要：美國第一位數理經濟學家費雪、前美聯儲主席格林斯潘，以及諾貝爾經濟學獎獲得者庫普曼斯、康托羅維奇、默頓、斯科爾斯等離開黑板進入金融投機市場，無不鎩羽而歸；而凱恩斯、索羅斯作投機生意卻能大發其財。原

因很簡單：前者根本不懂得思想在社會發展中的重要意義與作用，以為人類社會像自然界一樣，可以用研究自然科學的方法研究人類社會——依靠數學模型作投資生意；而後者則是不自覺地運用了唯思主義思想方法——揣摩大眾心理。[25]

總之，正確理解並學會運用唯思史觀的思想方法去觀察和思考問題，我們不難發現：小到個人、家庭、企業，大到民族、國家、人類，其發展無不受人類思想對社會客觀存在認知的影響：置身於同樣的客觀世界，人類依靠自己的思想力創造出一個人工界，走上了與其他物種不同的發展道路；在人類世界，不同國家、民族、企業、家庭乃至個人，也是由於其思想、文化、觀念、制度、政策方法等等的不同而分道揚鑣，走上了不同道路。人類歷史上，單純的改朝換代、科技發明[26]、物質積累[27]等等，都不會帶來社會整體的文明進步和長久的經濟繁榮；人類社會的每一次全面進步和長期繁榮，都是思想進

---

25 索羅斯以哲學家自詡。但是他沒能抽象類似出唯思主義、唯思史觀、思創性發展這樣的出能夠系統完整地闡述一種新的社會歷史觀的思想理論概念，只是用一個自創名詞——Reflexivity（通常被譯為「反身性理論」，不夠信、達、雅，應該譯為「預期自我實現理論」）來表達自己對人類社會活動的認識。不難看出，索羅斯實際上是在用唯思主義思想方法指導自己的社會實踐。

26 沒有文化、觀念、制度、政策的支撐，科技發明本身並不能保證生產力的持續提高。李約瑟《中國科學技術史》中說：「中國的科技發展到宋朝，已呈顛峰狀態，在許多方面實際上已經超過了十八世紀中葉工業革命前的英國或歐洲的水準。」中國宋代文化及制度文明遙遙領先於其他國家，不僅發明了火藥、指南針，普及了印刷術，還有很多世界一流的科技發明。如被譽為「中國古代第五大發明」、「世界石油鑽井之父」的卓筒井、聯合收割機的雛形——高效配套的收麥工具麥釤、麥綽等等。然而到了明清，由於思想觀念趨於保守、制度更加專制，經濟活力下降，不僅科技退步，很多已經使用了幾百年的科技成果竟然也失傳了！

27 地理大發現後，到十六紀末，全球金銀總產量的百分之八十三被首先發現、掠取美洲財富的西班牙一國獨占（見CCTV電視紀錄片《大國崛起》第一集「海洋時代」解說詞）。但是，由於其落後的文化觀念（如賤商思想）、法律制度（如對私有產權的肆意踐踏）沒有得到及時革新，坐擁驚人財富的西班牙很快淪為歐洲欠發達國家！

步、制度創新的結果。中國的西周改制是如此[28]，日本的明治維新是如此，俄國的彼得大帝改革、土耳其的凱末爾改革也是如此，改變了億萬中國人命運的一九七八年改革開放，同樣是以思想觀念上的突破──思想解放運動為先導的。

我們重新審視最早進入現代化社會的近代歐洲發展過程，同樣會發現唯物史觀無法解釋的事實：並不是先發生了工業革命、物質極大豐富以後才產生進步的思想文化觀念的──恰恰相反，是先經歷了文藝復興、宗教改革、啟蒙運動，人們的思想衝破了專制的牢籠，產生了有利於社會發展的新的思想文化觀念之後，才產生了日後帶來巨大物質財富的工業革命的。馬克斯‧韋伯在《新教倫理與資本主義精神》中進一步指出：工業革命並不是在客觀物質條件最為富有的南歐產生的，而是在貧窮落後但思想解放運動最為徹底的西北歐產生的。[29]

人類與其他動物的最大不同之處，不僅僅是人有思想──更重要的，是人類能夠將自己的思想轉化成為更加合理的社會規範、形成制度，使之成為改變客觀世界及自身社會存在的最為有力的工具。與完全憑藉本能唯物質地生活在這個星球上的其他物種不同，人類是思想的囚徒──人們總是自覺不自覺地遵循著某種思想、觀念、道德原則行事，總是被某種（最終被歷史證明是正確的或者是錯誤的）思想、信念所指引，朝著某個既定目標前進。換句話說，人類社會是依靠思想活動的成果（文化、信仰、思想、觀念、理論、制度、政策的演變）推動著前行的。人類今天所生活的世界，很大程度上也不是人類

---

28 對這段歷史的詳細分析，請查閱拙作：〈從西周時代的社會變革看制度創新思想的歷史意義〉，《雲南民族大學學報》2005年第3期。

29 拙作：〈城民、市民、市民社會與市民主義經濟〉（刊於《生產力研究》2006年第4期）從另一角度闡明：資本主義經濟的產生並不是社會生產力發展水平提高的結果，而是一種新型社會文化的產物。

在進化之前的漫長歲月裡與其他物種共同生活過的那個純天然的自然界，而是大約從新石器時期開始的、自己創造並日臻完善的人工界；人類的雙手不過是創造人工界的一個重要工具，起決定作用的，是支配這雙手的與其他物種有著本質區別的人類大腦所產生的思想創造力。

人類步入現代化社會以來，社會面貌日新月異，它展示了人類思想的無窮創造力。人們越來越認識到思想力對人類社會歷史發展的決定性意義，認識到創造性思維能力是人類真正的寶貴財富。因而重視和珍惜人才、維護知識產權、創造有利於調動社會全體成員思想創造力的制度環境、建設便於交換思想產品的思想市場，已經成了當代世人的共識。因此，在理論和實踐上認識唯思史觀（智創史觀）已具有重要的時代意義。自覺地掌握並運用唯思史觀去認知和考察人類社會的歷史發展，有助於人們更清晰地認知人類思想對於推動社會發展的偉大意義與作用，從而激勵人們進一步解放思想、創新思維，將社會建設得更加美好。

對二十世紀五〇年代臺灣經濟改革的再思考

——基於唯思史觀的視角

一　為什麼用唯思史觀分析臺灣經濟改革？

　　人本主義的唯思史觀，是針對西方人基於一元神宗教傳統而產生的歷史必然論以及為此服務的舊史觀（神本主義的唯心史觀和物本主義的唯物史觀）的缺陷而提出的新的社會歷史觀，也是人類正確認識自身社會歷史何以發展的新的思想方法。唯思史觀認為，與完全憑藉求生本能唯物質地生存在這個星球上的其他物種不同，人類社會主要是依靠思想力推動前行的——人類社會的每一次真正意義上的進步和長期繁榮，都是思想解放、文化進步、觀念更新、制度創新的結果。人類脫離自然界、邁入人工界的進程越是加快，與其他本能性發展物種有著本質區別的思創性發展特徵就越加明顯。

　　在分析經濟問題時，唯思史觀認為，經濟學研究不應是主流經濟學所宣稱的那樣，僅僅是用所謂「科學的方法」研究「客觀」物質資料的生產、交換、分配、消費過程中人們的經濟活動和經濟關係的科學。因為它忽視了問題的核心——人在社會經濟活動和經濟過程中的主動性和主導性、人的思想觀念和行為對經濟活動的進行和結果所具有的巨大影響和作用。因此，要正確解釋各種經濟結果是如何產生的，就必須考察在相關歷史階段中，不同的思想、文化、觀念、制

度、政策是如何作用於社會經濟及其變化的，進而提出更加合理的發展經濟的新的理念和制度安排。這樣，把人的主觀能動性與由此產生的經濟活動有效地結合起來研究，使經濟科學成為真正的「人的科學」而不是「物的科學」。[1]

實際上，我們思考任何問題，都離不開一定的思想方法。如果思想方法不對頭，就不可能找到正確答案。譬如，前幾年中日關係還未惡化時，習慣於將一切都歸因於客觀因素的專家們展望中日關係，都會說：「因為日本經濟不景氣，離不開中國這個巨大市場，客觀上決定了中日關係不會惡化。」然而沒過多久，中日關係惡化，很多專家給出的理由竟然是相同的：「因為日本經濟不景氣，所以需要借助惡化中日關係來轉移國內矛盾。」──用同樣客觀因素解釋所有不同結果，專家們豈不成了靠一副藥包治百病的江湖郎中？

多年來，很多人思考問題都被舊史觀造成的思維定式所束縛──總是強調客觀條件、強調歷史必然性。其結果就是：一切都是客觀因素所造成的，都是歷史的必然──成功是必然，失敗、失誤也是必然。然而，如果一切都是必然，就沒必要總結那些給我們帶來巨大損失的歷史經驗教訓了，因為相關責任者已經從臆想的「歷史必然」中免責了！進而言之，如果一切都是外在客觀條件所必然決定的，人類只不過是自身歷史發展過程中的旁觀者，那麼，每個人的存在還有價值嗎？專家學者的研究還有意義嗎？改革還有必要嗎？針對上述錯誤思想，唯思史觀強調：「人的創造性思維能力並非由客觀存在所決定的，相同的客觀存在對於不同的人們可能產生的意識亦有不同，更無法決定產生什麼樣的思想。」「正由於人們思想的產生和發展具有很大的不確定性，所以由人類思想推動的人類歷史發展的具體進程也就

---

1 轉引自張躍：〈經濟學研究需要理論創新──基於唯思史觀的思考〉，《北京社會科學》2015年第11期。

具有很大的不確定性。那種斷言人類社會必然遵循某種既定規律，向著可預的、既定的發展模式前進的觀點是沒有根據的。」[2]實際上，小到家庭、企業，大到民族、國家，都是領導者的思想力決定了其所領導的組織的命運——青島電冰箱廠在張瑞敏就任前、後，「客觀條件」完全相同，然而張瑞敏卻能夠運用自己的思想智慧，用同樣多的工人、同樣大的廠房，創造出更多價值，進而將瀕臨倒閉的青島電冰箱廠，打造成世界知名企業——海爾集團。正因為我們置身其中的所謂「客觀社會」，實際上是擁有不同思想觀念的人們的各種主觀努力博弈的不斷變化著的、動態的結果，所以每個人都應當對社會負有大小不等的責任；對社會負有最大責任的政府，更應以更大的智慧、不斷的創新，去適應日新月異的社會發展變化。正因為「與強調存在決定意識、能夠很好地解釋動物界及人類早期生存狀態的唯物史觀相比，強調思想對於人類脫離動物界、逐漸加速邁入人工界的歷史進程中所起的決定性作用的唯思史觀對人類社會歷史發展的解釋更具合理性」[3]，所以，用唯思史觀的思想方法分析臺灣經濟改革的成功經驗，能夠給我們以更加深刻、有益的啟示。

二 唯思史觀看上世紀五〇年代臺灣經濟改革

（一）國民黨大陸統治時期的經濟思想及其惡果

國民黨早期經濟思想，與當時世界主流經濟思想是完全接軌的。從十九世紀後期直到二十世紀上半葉，由於絕大多數人還沒能完

---

2 張躍：〈唯思史觀（智創史觀）——人類認識自身何以發展的新的思想方法〉，轉引自：《中國當代藝術 2013》（北京市：九州出版社，2014年），頁257。

3 張躍：〈經濟學研究需要理論創新——基於唯思史觀的思考〉，《北京社會科學》2015年第11期。

全理解經濟週期理論[4]的深刻含義，因而將市場經濟正常波動運行過程中必然會週期性出現的下行階段，視為私人盲目生產造成的一次又一次「經濟危機」，進而希冀通過政府的「正確」控制和干預，人為地「燙平」經濟的週期性波動，使社會經濟能夠線性上升式發展。因此，當時的知識份子，無論是社會科學工作者還是自然科學工作者、思想光譜「左傾」還是「右傾」、政治傾向「進步」還是「保守」，都對計畫經濟情有獨鍾。德國著名思想家曼海姆的話很有代表性：「計畫就是把一個歷史地發展起來的社會，轉變成一個越加由人類從某些中心位置來調節的統一體的重建活動。當然，有可能的是，緊隨計畫時代而來的將是純粹管理的時代。……我們時代氛圍中的所有緊張狀態，都起因於目前正在進步的人類意志和思維的這種再定向，如果沒有認識到這一趨向，我們便不可能理解我們所生活的時代。」[5]

歷史證明是那個時代最偉大學者之一的米塞斯在回憶當時德語國家的情形時說：「一九〇〇年，德語國家的大部分民眾要麼是國家主義者，要麼是國家社會主義者。歷史的黑暗一頁——現在我們所說的資本主義，已經永遠完結。未來屬於國家。國家將接管所有適合國有化的企業，剩下的那些也將受到管制，為的是阻止企業繼續剝削工人和消費者。由於經濟科學尚不為人知，人們還看不出干預主義的後果。即便預見到這些後果，人們還是會選擇國家社會主義。」[6]「在

4　筆者之所以不提「奧地利派經濟週期理論」，是因為認為產生經濟週期的原因其實很簡單：和平時期，在創新帶來的經濟上行階段（所謂「景氣」或「健康發展」時期），人們（及政府）會因為覺得前景樂觀而不斷追加投資；到了某個臨界點，創新紅利享用完畢，累計的過度投資、錯誤投資被蕭條強制性調整，經濟進入下行階段（即所謂「衰退」或「經濟危機」時期）……不久，新一輪創新將經濟引入一個新的增長週期。如此不斷波動前行而已（不是循環往復）。包括奧地利經濟學派在內，很多人對經濟週期的解釋都過於繁瑣、有些畫蛇添足。

5　卡爾·曼海姆：《重建世界的人與社會》（北京市：三聯書店，2002年），頁173。

6　米塞斯：《米塞斯回憶錄》（上海市：上海社會科學出版社，2015年），頁16。

德意志帝國，人們不講授經濟學而是講授馬克思主義和納粹主義。沙皇俄國也是一樣，人們講授『合法的』馬克思主義或者經濟史而不是經濟學。」[7] 一戰後，德國和奧地利政府甚至相繼通過了國有化法案。[8]

　　在英國，社會主義計畫經濟理念同樣得到從精英到民眾的廣泛認同。一個不爭的事實是，著名的「劍橋五傑」全部自願成為蘇聯間諜，完全不是為了榮華富貴，純粹是出於堅定的社會主義理想——他們篤信計畫經濟是人類建設美好社會的必由之路。二戰結束後不久首次舉行大選，領導英國人民戰勝德國法西斯的英雄邱吉爾出人意料地落敗，一個非常重要、但是長期以來被人們有意無意忽視的原因，是邱吉爾在競選中堅持捍衛自由主義市場經濟原則，沒有為英國人民描繪出一幅社會主義計畫經濟的宏偉藍圖；而他的對手、工黨領袖艾德禮則堅信為實現「人人有飯吃，有衣穿，有屋住，有書讀，有閒暇時間玩樂，有社會保險」的「新耶路撒冷」理想，必須延續戰時管制的計畫經濟政策，絕不能讓自私自利的私有經濟影響其偉大社會理想的實現。[9] 據當時在倫敦的二戰時期歐洲戰場唯一來自中國的自由戰地記者蕭乾[10]回憶：英國選民之所以拋棄邱吉爾領導的保守黨，是因為他的對手工黨「拿出一整套施政綱領：用國有化代替自由企業」；工

7　米塞斯：《米塞斯回憶錄》（上海市：上海社會科學出版社，2015年），頁45。

8　艾倫・艾伯斯坦：《哈耶克傳》（北京市：中信出版社，2014年），代譯序「用觀念戰勝觀念」。

9　伊恩・布魯瑪：《零年：1945——現代世界誕生的時刻》（桂林市：廣西師範大學出版社，2015年），頁253。

10　二戰期間，除蕭乾外，還有五名隨盟軍行動的中國記者到過歐洲。他們是：中國之聲（又稱中國國際廣播電臺）的陸鏗、《中央日報》的毛樹清和樂恕人、《新民報》的丁垂遠、中央通訊社的余捷元。此外，還有國民政府派往蘇聯的女記者、中共秘密黨員胡濟邦（陳撫生：《揭秘：中國二戰期間歐洲戰場中的唯一女記者》）。

黨推出的「貝沃瑞茲的社會保險方案──公費醫療，社會福利，從搖籃包到棺材──也起了決定性作用」。[11]

最令人印象深刻的，是羅馬教皇庇護十一世一九三一年公開發表通論，抨擊美國的「資本主義支配」和個人主義，指責資本家的階級統治弱化了社會各階層之間的聯繫。[12]

在日本，社會主義計畫經濟思想更是得到了從精英到民眾的普遍支持。戰時對日本社會影響力最大的思想家當屬北一輝。北一輝是狂熱的國粹主義者，也是堅定的革命者。他早年參加過中國革命，並在上海寫出《日本改造法案大綱》。在書中，他把社會主義與帝國主義結合到一起，對馬克思階級鬥爭思想作了更大程度的發揮。他認為：英國和俄國是全世界階級鬥爭格局中的大地主，美國是大資本家；日本國土狹小、人口稠密、四面環海、資源匱乏，發展經濟客觀條件最為不利，因此革命熱情最高、革命理想最堅定，理應是國際階級鬥爭的領袖：「東方和西方的歷史，不外乎是各封建國家經過一個時代的內戰後取得統一的記錄；目下唯一可能的國際和平，就是經過這個時代的國際戰爭後取得的封建式和平。這種和平將由於出現一個可以統治世界各國的最強大國家（日本）而實現。」「沒有我們（日本）的保護和領導，印度和中國的七億兄弟絕不能取得獨立。」對於日本國內的改革，他提出要解散內閣和國會，實行普遍選舉；取消華族（貴族）制度，提倡人人平等；廢除治安警察法和新聞管制；將皇室財產交國家管理；限制國民私有財產（包括對土地和遺產繼承制度實行徹底的改革）；實行大資本的國有化（包括銀行、礦山、交通、農林、工商等）；將私有企業的利潤分紅給工人；解放婦女，保護佃農，實現八小時工作制，支付節假日工資；保障國民的自由和受教育權等基本人

---

11 蕭乾：《歐戰旅英七年》（合肥市：安徽人民出版社，2013年），頁158。
12 入江昭：《20世紀的戰爭與和平》（北京市：世界知識出版社，2005年），頁88。

權。總之，要對日本進行全面的「純粹社會主義」改造。北一輝的思想吸引了所有渴望改革的日本人，在日本底層民眾、特別是青年軍官（基本上都是貧苦農民出身）中得到廣泛支援。一九三七年初北一輝作為青年軍官發動「二二六」事件的思想理論主謀被處死之後，其思想風頭更健，被公認是日本法西斯主義的源頭，影響了一代日本人。[13]

在經濟自由主義的大本營美國，情況也好不了多少。早在羅斯福新政前的一九二二年，美國國會就通過了《卡鉑-沃爾斯特德合作社行銷法案》。該法案使合作社行銷協會獲得反托拉斯法的豁免，但條件是每個農民在合作社中的選舉權不能超過一票（即無論每個人出資多少、貢獻大小，對企業經營決策的影響都是相同的）。[14]

一九三一年九月，通用電氣總裁向國家電機製造商協會的一次會議提交了「斯沃普計畫」，要求在美國商業體制中強制性實施卡特爾計畫，各行各業要被強制安排加入各類行業協會，在聯邦政府的管理下調控並穩定物價與生產，同時接受聯邦政府對協會下各企業貿易活動的指導。總之，通過對民營企業管理層和雇員的綜合管理，聯邦政府得以「調整生產與消費」。

今天看來不可思議的是，當時美國商會的大多數成員——這些「大資產階級分子」，均表示支持這項最終會致自己於死地的集權主義計畫、支持聯邦政府通過這種強制性方式變相剝奪企業經營生產、制定價格的合法權利。美國商會主席、新英格蘭電力公司的哈里曼在向商會所屬「商業和就業持續發展委員會」提交的報告中寫道：「我們已經離開了極端個人主義的時代……商業繁榮和就業只有通過對商業結構的合理計畫才能最好地維持下去。」要通過行業協會將各行業組

---

13 有興趣的讀者可以參閱：俞天任《誰在統治日本》（北京市：東方出版社，2012年）。

14 羅斯巴德：《美國大蕭條》（上海市：上海人民出版社，2009年），頁305。

織起來，並由一個國家經濟理事會進行領導，任何持有異議的商人，將被「視為分離者對待……他們將被孤立、被指責，並將與愚人歸為同類」。他還要求將雇員不到五十人的中小型企業也強制納入斯沃普計畫的執行對象之列。最高法院法官布蘭戴斯則乾脆建議：為了公共的需要和便利，由各州相關政府部門對工業生產進行完全管理。[15]

與之形成鮮明對照的是，宣傳市場經濟思想的書和人，都受到了普遍抵制。在美國，哈耶克的成名作《通往奴役之路》一開始頗受冷遇，很多出版社拒絕出版，理由很有時代特色：「哈耶克教授游離於當代美國和英國的思想潮流之外。」[16]哈耶克的老師米塞斯更慘，他終生被主流經濟學家所排斥，飽受冷眼、攻擊，直到去世都沒能獲得世界上任何一個大學的正式在編教職。

在中國歷史上，政府辦企業操控社會經濟本不是新生事物——兩千年前，漢武帝就因為與匈奴之間的長年戰爭，財政枯竭，在用盡了賣官鬻爵、強制發行不足值貨幣、開徵財產稅、號召民間無私奉獻、沒收富人財產等各種創收手段，仍然無法滿足巨大財政需要的情況下，採納桑弘羊等人的建議，開辦官辦企業，通過壟斷鹽、鐵等既關係到國計民生、又利潤豐厚的經濟領域，在短期內汲取了大量財富，暫時解決了財政危機。但是，戰爭及官辦經濟的結果，是「海內虛耗，人口減半」，不僅百姓生活困苦到了極點，連地方政府都窮得揭不開鍋——武帝出巡河東、隴西兩郡，兩個地方的省部級大員（太守）均因財政捉襟見肘、實在擠不出按規格接待的經費，不得不相繼自殺。[17]武帝晚年下詔「罪己悔過」，說明官府辦企業的做法效果非常

---

15 羅斯巴德：《美國大蕭條》（上海市：上海人民出版社，2009年），頁376。

16 艾倫・艾伯斯坦：《哈耶克傳》（北京市：中信出版社，2014年），頁130。

17 《史記》〈平準書〉：「天子始巡郡國。東渡河，河東守不意行至，不辨，自殺；行西踰隴，隴西守以行往卒，天子從官不得食，隴西守自殺。」

差。到了近代，洋務派搞「中體西用」的洋務運動，興辦了一系列官辦、官商合辦、官督商辦等帶有不同程度「國營經濟」色彩的企業，最終結果也都不理想。

然而，受當時世界主流經濟思想的影響，加上救亡圖存危機意識下的饑不擇食，當時中國知識界像是患了集體失憶症，普遍認為政府掌握生產資料、進而操控社會生產的計畫經濟是克服資本主義市場經濟「危機」的法寶，聲稱：「這幾年，資本主義隨著恐慌的狂潮，已一天一天走入沒落的途中，美國如此，其他歐洲各國與日本都如此，『資本主義的末日』這淒慘的呼聲已響徹全球了。資本主義國家為克服恐慌，拯拔這末日的惡運……最普遍有力的（手段）就是所謂『計畫經濟』或『統制經濟』。」[18]

早在一九一二年四月，孫中山即在一次演說中說：「一面圖國家富強，一面當防資本家壟斷之流弊。此防弊之政策，無外社會主義。本（同盟）會政綱中，所以採用國家社會主義政策，亦即此事。……國家一切大實業如鐵道、電氣、水道等務皆歸國有，不使一私人獨享其利。」[19]在同年十月的演說中說：「凡生利各事業，若土地、鐵路、郵政、電氣、礦產、森林，皆為國有。」並且指出：國家「興辦生產事業，利仍歸公。則大公司、大資本盡為公有之社會事業，可免為少數資本家壟斷、專制。」[20]一九二四年一月，孫中山在《國民黨第一次全國代表大會宣言》進一步闡述：「國民黨之民生主義，其最重要之原則不外二者：一曰平均地權，二曰節制資本。……凡本國人及外國人之企業，或有獨占的性質，或規模過大為私人之力所不能辦者，如

---

18 鄭獨步：〈統制經濟之社會學考察〉，《東方雜誌》第三十卷第十九期（1933年10月），頁48-58。

19 孫中山：《孫中山全集》（第2卷）（北京市：中華書局，1986年），頁323。

20 孫中山：《孫中山全集》（第2卷）（北京市：中華書局，1986年），頁338。

銀行、鐵道、航路之屬，由國家經營管理之。使私有資本制度不能操縱國民之生計，此則節制資本之要旨也。」[21]由此可見，孫中山「三民主義」中「民生主義」的核心內容，就是「節制私人資本，發達國家資本」即限制民營經濟發展、大力發展國有經濟。其後很長一段時間，國民黨政權忠實繼承了孫中山「節制資本」的經濟理念，認為只有政府建立大規模完全掌控國計民生的國營企業，才能夠保障民生。

蔣介石的經濟智囊、實業部統計長羅敦偉一九三三年發表了一系列文章，探討統制經濟；一九三四年五月又出版《中國統制經濟論》，提出統制經濟、計畫經濟是「二十世紀四十年代一個新的產物」，「在經濟的組織上及生產過程上是一個具有歷史性的新制度、劃時代的新制度」。「所謂統制經濟即是與自由經濟的對立」，「無論生產及消費之任何部門之自由，都應該服從中央意志，由中央統制機關指揮統制」，並且「經濟統制與計畫經濟形式上是完全相同的」。針對有人認為這樣做豈不就是蘇聯社會主義「計畫經濟」的質疑，羅的回答與半個世紀後鄧小平「不爭論」的精神完全相同：「我們現在盡可埋頭在事實上做去，不必爭論這些不必爭論的問題。」[22]蔣介石本人也在一九四三年發表的《中國之命運》中強調：「要實行計畫經濟，以期國防民生相與合一，共同發展。」

所以，當一九四四年國民政府有關部門先後在蘭州和桂林兩次組織關於國家工業化的討論時，朝野上下幾乎一致認為「要想推進國家的工業化，就只有實行統制經濟，甚至還提到借鑑蘇聯計畫經濟的經驗。爭論的焦點只是在於如何在統制經濟下繼續發揮民族私營經濟有

---

21 榮孟源：《中國國民黨歷次代表大會及中央全會資料》（上）（北京市：光明日報出版社，1985年），頁17-18。

22 這與半個世紀後大陸高層決定「不爭論姓資姓社」問題的想法驚人地相似。更多內容見《1933：中國現代化討論》。

利的一面，起到相互補充作用」。[23]

錯誤的思想觀念以及由此產生的錯誤政策，給國民黨統治帶來了極為慘痛的政治及經濟惡果。譬如：

抗戰勝利前，東北地區是二戰時期中國經濟發展最好的地方，也是工業化最發達的地方。中央電視臺《探索發現》欄目在《瀋陽：1949》中這樣介紹東北：「日本和德國敗亡之後，東北這個地區就成了繼美國、蘇聯、英國之後的第四大工業區。」早在一九三一年，東北工業總產值占工農業總產值比重就達到了百分之五十九點三；而新中國建國五十多年後的二〇〇三年，這個比例才達到百分之五十七點五。一九四三年，東北生產了全中國百分之八十八的生鐵，百分之九十三的鋼材，百分之九十三點三的電，百分之九十五的機械，形成了龐大的特種鋼等當時領先世界的尖端科技企業。

一九四五年抗戰勝利後，民族資本家們紛紛要求拿回被日偽侵占的實業資產，但國民政府為確立國有經濟的領導地位，堅持將接收的龐大敵偽資產改組為一系列全國性或區域性的國營工業壟斷組織。一九四五年三月，國民政府資源委員會（大致相當於後來大陸的國家計委及後來的發改委）出臺《淪陷區工礦事業整理計畫》，明確指出：「實行計畫經濟，樹立國營基礎，是戰後建設三民主義新國家，加速工業化的必要步驟。」因此，應沒收淪陷區日偽政府及大小漢奸的資產，將其中重工業轉交資源委員會經營，作為公營事業的基礎。[24]在該計畫方針指導下，政府接收的兩千兩百四十三家工礦企業中，除保

---

23 一九九九年公布的《《中華人民共和國憲法》修正案》第十六條，將（原憲法規定的）「私營經濟是社會主義公有制經濟的補充」修改為「個體經濟、私營經濟等非公有制經濟，是社會主義市場經濟的重要組成部分」。這些改動與五十年前那場爭論，形成有趣對照。

24 吳若予：《戰後臺灣公營事業之政經分析》（臺北市：臺灣業強出版社，1992年），頁28。

管末處理者四百四十八家外，轉由經濟部直接經營或移交資源委員會等機關經營者一千〇一十七個，發還原業主者兩百九十八個，標售給民間經營者四百四十一個。這樣一來，抗戰勝利後民營工業資本僅恢復到戰前的百分之七十八點六，官僚資本（國有資產）則突增至戰前的二點八倍，「國進民退」成為定局。其後果，是民營企業大批倒閉，工人失業；迅速膨脹的國營企業則腐敗滋生，效益低下，出現泡沫化。社會通脹失控，物價飛漲，政府稅收銳減……等到國民政府意識到危機，試圖改推「國營事業民營化」時，大錯已經鑄成，民間資本已衰敗到無力接盤，令這一國退民進方案無疾而終。[25]

（二）國民黨退守臺灣初期的經濟政策及其惡果

　　一開始，國民黨政府並沒有從大陸失敗的經濟政策中吸取教訓。一九四五年秋天日本投降後不久，蔣介石任命心腹陳儀為臺灣省行政長官公署第一任行政長官兼臺灣警備總司令。陳儀同蔣介石一樣，也是「三民主義」的忠實信徒，認為孫中山「節制私人資本，發達國家資本」的經濟綱領，就是要求所有的交易都應經由國家許可、並由國家提供資金。陳儀堅持要把國企做大做強，認為：「如果我們辦不好公營企業，那麼中國就沒有未來。」他強調：「我們現在已不能依照資本主義國家的方式去發展生產了。我們應依據國父遺教，辦理公營事業，製造國家資本，來發展生產。這不是一件容易事情，因為在思想上有問題。一般人受了舊思想的束縛，以為發財乃是個人的事情，國家是不能發財的，國家發財就是『與民爭利』。這種錯誤的思想，實在因為他們把從前的皇帝和現在的國家混為一談了。」[26] 本著這一

---

25 章立凡：〈清末以來中國三次「國進民退」的歷史教訓〉，《財經文摘》2010年第1期。
26 陳鳴鐘、陳興唐：《臺灣光復和光復後五年省情》（上）（南京市：南京出版社，1989年），頁319。

思想認識，早在一九三四年擔任福建省政府主席期間，陳儀就曾實踐過「據國父遺教，辦理公營事業，製造國家資本」的計畫經濟理想，即不是通過徵收苛捐雜稅增加民眾負擔來解決財政困難，而是設立貿易、工礦、運輸三大公營公司，從生產、銷售到運輸，全部由省政府計畫管理；同時設立公沽局，控制大小糧店，禁止私人買賣糧食，計口授糧，推行糧食專賣制度。然而，美好理想導致的，卻是糧價飛漲，黑市橫行，民不聊生。最後不得不被蔣介石調離福建。

然而，真正的理想主義者是從不向現實低頭的。福建的教訓並沒有撼動陳儀的計畫經濟理想。到臺灣之後，他即宣稱：將使用日本在臺灣遺留的資產，將臺灣建設成為三民主義的試點。在蔣介石的支持下，陳儀利用手中掌握的巨大權力，迅速推出《臺灣接管計畫綱要》。根據這個綱要，陳儀下令臺灣省政府沒收、控制了所有工業和礦業企業、公共和私人交通、糧食生產和銷配，以及原來日屬的土地。這一系列的財產交接從一九四五年十一月持續到一九四六年六月，最終將臺灣地區與工業、貿易、商業及交通業有關的實物資產全部收歸國有。

陳儀政府還設置了新的經濟統制部門：貿易局管理大宗商品和原材料的進出口；專賣局調節度量衡並監管鹽、樟腦、鴉片、火柴、煙酒和其他物品的生產和銷售，嚴禁私人生產銷售這些物品；糧食局制定糧食政策，統一收購餘糧，徵收田賦並監管糧食生產；石炭調整委員會壟斷資源，強制私人礦主將所生產的煤炭全部賣給委員會。到一九四六年下半年，臺灣政府控制的統制性經濟占了臺灣百分之七十的產業經濟和百分之七十二的臺灣土地。

然而，陳儀的統制經濟政策不僅沒有恢復臺灣經濟，反而使情況更加惡化：工農業生產短缺，外匯匱乏，失業猛增，通貨膨脹嚴重，政府腐敗加劇……政府不得不調集更多警力，應付經濟政策失誤造成

的社會不安。一九四七年的二月二十七日，臺灣民眾的不滿終於突破臨界點，爆發了「二二八起義」。

面對起義，蔣介石一方面火速從大陸調集軍隊鎮壓，一方面先後派李翼中（國民政府臺灣省主席）、白崇禧（國防部長）等高級官員前去調查。三月，李翼中、白崇禧先後回到南京向蔣介石彙報，結論完全相同——統制經濟政策造成的民不聊生是暴動的主要原因。回饋的資訊對蔣介石觸動很大，為他後來支持臺灣經濟改革埋下了伏筆。

不久後，蔣介石派魏道明上任，取代陳儀。魏道明改革了專賣局，廢除了貿易局，私有化了臺灣火柴股份有限公司、印刷紙業、臺灣煤礦有限公司等一批公營企業，明確了公營企業負責生產半成品而民營企業生產終端消費品。魏道明政府還出售了部分公共土地給臺灣農民，鼓勵建立銷售糧食及經濟作物的自由市場，暫時緩解了嚴重的社會危機。[27]

然而，魏道明是法律專家，對經濟問題不是很在行，其舉措更多的是為了安撫民心。加上不久後就被派出考察（一九五四年才回到臺灣），明顯屬於過渡性人物，所以沒能夠從根本上改革臺灣積重難返的統制經濟。因此，一九五〇年代初的臺灣總體上仍然處於計畫經濟模式之下，公營企業占據臺灣經濟絕對主導地位；統治集團在經濟上仍然嚴格遵奉國民黨傳統的「節制私人資本，發達國家資本」的經濟綱領，從計畫經濟的思想傳統出發制定經濟政策。

實際上，臺灣能夠真正走上市場經濟的正軌，得益於一次偶然。

（三）統治精英思想的轉變及其新經濟政策的實施

一九五二年暑假的一天，從美國回臺灣度假的國際貨幣基金組織

---

27 郭岱君：《臺灣經濟改革故事（1949-1060）》（北京市：中信出版社，2015年），頁3-10。

經濟專家、自由主義經濟學大師哈耶克的入室弟子蔣碩傑，拜訪了時任臺灣「生產事業管理委員會」副主任的尹仲容（主任由「臺灣省主席」陳誠兼任，所以尹仲容是實際上的臺灣經濟掌門人）。蔣碩傑希望利用自己深厚的經濟學知識、特別是奧地利學派的自由主義市場經濟理念，向這位執臺灣經濟牛耳的「計經委主任」傳道授業解惑，為臺灣的經濟改革助一臂之力。然而，當時已經在政府多個計畫管理部門供職多年的尹仲容還沒有擺脫計畫經濟的舊思想，認為國營企業優於民營企業，唯有計畫經濟才能保障國家安全、提高人民福祉。所以，「推行的是嚴格的管制政策，曾遭到不少自由經濟學者的批評」。譬如，著名學者、第一位在國際七大頂尖雜誌上發表學術論文的中國經濟學家邢慕寰，一九五一年曾與尹仲容做過交談，結果話不投機，對尹的印象非常壞，認為他「只不過是一個剛愎自用、滿腦子都是計畫經濟管制的官僚」。蔣碩傑與尹仲容的談話，同樣是話不投機，不歡而散。蔣碩傑非常失望，認為尹是「只知道計畫經濟工業發展」的職業官僚。但是，因為考慮到尹「太重要了」，蔣碩傑「死馬當活馬醫」，臨別時還是送給他一本書——英國經濟學家詹姆斯‧米德寫的旨在闡明計畫經濟根本行不通的《計畫與價格機制》。[28]

奇蹟真的發生了——尹仲容不僅很快讀完了這本書，而且毫無保留地接受了書中的觀點；不僅確立了市場經濟的新思想，還延聘蔣碩傑擔任特別財經顧問。尹仲容本人更是迅速成為臺灣經濟改革中民營化和自由化的代言人，對臺灣經濟改革的關鍵性經濟決策產生了決定性影響。

與所有改革一樣，臺灣的經濟體制改革，同樣遇到巨大阻力。這些阻力主要來自於統治集團內部掌管各級公營企業的既得利益集團，

---

28 郭岱君：《臺灣經濟改革故事（1949-1060）》（北京市：中信出版社，2015年），頁178。

以及一些死抱著舊思想舊觀念不放的理論家。為此，改革派與保守勢
力就經濟改革問題進行了三次大規模的辯論。第一次辯論的主題，是
搞計畫經濟還是市場經濟。結果是民營化取向獲得肯定；第二次辯論
的主題，是如何推動外匯及貿易改革。結果是打破了政府的外貿管
制；第三次辯論的主題，是如何在外貿改革之後開展綜合改革，確立
更完備的市場經濟制度，以及在美援斷絕後形成獨立自主的經濟體
系。結果是引發了臺灣的一場全面的社會革新運動。限於篇幅，本文
僅對第一次辯論作一簡單回顧。

　　第一次大辯論發生在一九五二年至一九五四年初。爭論的焦點，
是繼續堅持「計畫經濟」，還是走新路——搞「市場經濟」。市場經濟
的支持者認為，計畫經濟束縛了民間生產的活力，阻礙了經濟的發
展，在大陸實行統制經濟的失敗即是前車之鑒。因此，臺灣經濟要發
展，必須改弦易轍，走自由主義市場經濟的道路，這樣才能充分發揮
全社會的力量，振興經濟。傳統計畫經濟的支持者則認為，計畫經濟
是國民黨民生主義基本原則，必須堅持；另外，經過日本五十年殖民
統治，臺灣公營企業已有相當基礎，生產能力也超過了民營企業。在
這種情況下，繼續採取計畫經濟政策，由政府集中全社會的資源發展
經濟，無疑是最好的選擇。他們還認為，公營企業民營化不僅是對國
民黨一貫堅持的三民主義的背叛，而且一旦民營化，國民黨會失去對
經濟的控制，進而危及其在臺灣的政治統治。他們還有一支「殺手
鐧」，就是不時抬出孫中山、蔣介石等黨的領袖人物過去說過的肯定計
畫經濟的話，拉大旗作虎皮，使不少支持市場經濟的人不敢發聲。[29]

　　顯然，如果不能在思想理論方面有所突破，國有計畫經濟思維就
無法被打破，改革也就無法推進下去。於是，蔣介石在公開場合作出

---

29 郭岱君：《臺灣經濟改革故事（1949-1060）》（北京市：中信出版社，2015年），頁82。

解釋，說「節制私人資本」中的「節制」指的是「調解管制」而不是「限制」。國民黨第二號人物陳誠則更為直白，他說：「政府現在已深深感到，要充分發展經濟建設，必須具備一個最基本的條件，即保障私人財產，擴大企業自由，替私人資本開闢一條平坦廣闊的出路……今後我們不但要修改妨礙企業自由的各種法令和辦法，同時應該有計畫、有步驟地將可以讓與民間的企業，儘量開放民營。」他特別強調：「這是一個政策問題，同時也是一個觀念問題。」[30]一九五三年十一月十二日，陳誠在國民黨七屆三中全會發表的施政報告中進一步指出：「我們認為，凡能由民眾經營的企業，皆應盡可能轉讓給私人所有。這不但是國民經濟發展的根本原則，而且是徹底消除官僚資本主義病根的有效方法。」高層的講話，收到了立竿見影的效果：保守派理論家一時語塞，改革派實幹家抓住了機會——一九五五年，有關部門修訂了一系列相關法律法規，民營化政策初步確立。[31]

通過這次大辯論，國民黨各級黨政領導思想觀念發生了變化，開始認可民營企業及市場經濟；公營企業則被迫走上自我改革之路、按照市場規律的原則與民營企業開展競爭，臺灣經濟逐漸恢復生機。作為改革總設計師的尹仲容，更是「忙得幾乎不睡覺，和一批年輕人夜以繼日，一個月修改十幾個法律規章」。到了一九五四、一九五五年，「臺灣的民營企業突然就像決堤一樣爆發了」。[32]從此，私營企業逐步成為臺灣經濟發展的生力軍，到一九五六年底，每年的生產指數成倍增長——農業生產指數平均每年增長百分之一百一十四，工業生產指數每年增長百分之一百四十點一，交通運輸增長百分之一百二十

---

30 郭岱君：《臺灣經濟改革故事（1949-1060）》（北京市：中信出版社，2015年），頁91。

31 郭岱君：《臺灣經濟改革故事（1949-1060）》（北京市：中信出版社，2015年），頁96-98。

32 郭岱君：〈從計畫到市場的臺灣經驗〉，《南方都市報評論週刊》2010年08月22日。

點九[33]，臺灣經濟開始騰飛。[34]

三　幾點啟示

（一）改革必須首先解放思想

　　唯思史觀認為：「人類思想結晶產生的先後順序及其影響人類社會的重要性程度，一般依三個層次展開：思想、文化、道德、觀念等為第一層次，最為重要；法律、制度、政策等次之；科技發明、管理方法等又次之，而包括經濟發展在內的社會各方面的發展及財富的增加，不過是上述三個層次的思想成果依次作用的結果而已。」[35]中國大陸改革開放近三十年的歷程，印證了這個排序的正確性：先是思想解放運動，緊接著是農村經濟體制改革及城市體制性工業改革等制度變革，然後是工農業生產技術及管理水準的大幅提高，最後結果是經濟迅速發展、財政收入猛增、人民生活水準大幅提高。上世紀五十年代臺灣經濟改革歷程，為我們提供了又一個範例——同樣首先是決策者思想的轉變、同樣遭到保守勢力的阻撓、同樣經歷了旨在解放思想

---

33 李國鼎、陳木：《我國經濟發展策略總論》（臺北市：聯經出版事業公司，1987年），上冊，頁323。

34 有觀點認為，臺灣經濟騰飛源於上世紀七〇年代的「十大建設」。對此，著名經濟學家、臺灣政府經濟顧問團成員、自上世紀六〇年代起直接參與臺灣經濟決策的鄒至莊先生說：「經濟學者對臺灣的貢獻在於說服政府採取市場經濟的制度。一九六〇年代到一九七〇年代臺灣政府的功勞，在於他們比較開明，能接受經濟學者的思想，其他國家則不然。至於其他的十大建設等，花了很多錢，反而有不少副作用，未必有成效。」鄒至莊：《中國經濟學教育與經濟改革》（新加坡：八方文化創作室，2007年），頁25。

35 拙作：〈經濟學研究需要理論創新——基於唯思史觀的思考〉，《北京社會科學》2015年第11期。

的大辯論、同樣抓住機遇、推出一些列改革政策、從而解放了社會生產力，最後，同樣收穫到了令人滿意的經濟發展成果。

或許有人認為，按照「存在決定意識」的唯物主義原理，無論中國大陸的改革開放，還是臺灣的經濟改革，都是因為「經濟已經到了崩潰的邊緣」，民不聊生，客觀形勢逼得為政者不得不下決心改革。然而，根據唯思主義觀點，存在能夠產生意識，卻決定不了產生什麼樣的意識——置身於同樣客觀存在，不同的人會產生不同的思想意識。拿中國大陸來說，當年改革開放之所以能夠取得成功，「經濟到了崩潰的邊緣」的確是一個原因，但不是最重要的原因——如果說經濟因素決定了必須改革，那麼這些年北朝鮮早就內外交困、危如累卵，情況更加糟糕，卻絲毫看不到改革的跡象，又該作何解釋？歷史已經證明，中國大陸的改革開放，決定性因素，是當時黨內高層中一批有智慧、有膽識的決策人物在思想上首先突破了舊觀念，強力推進改革，進而「摸著石頭過河」，在不斷的實踐中摸索出一個又一個更加合理的政策、制度，使中國經濟一步一步走上了市場經濟的正軌。沒有這些決策者首先解放思想，中國今天的情形很可能是另外一個樣子。

特別應當指出的是，臺灣上世紀五十年代圍繞經濟改革而進行的幾次大的公開辯論，本身就是一種非常好的思想解放社會教育運動——它不僅極大轉變了官僚階層的思想，也使臺灣全社會對經濟發展的方向和策略達成了共識。臺灣百姓從媒體報導中學習、反思經濟問題，逐漸改變其經濟生活的觀念和習慣，以適應現代化的市場經濟。這個經驗，同樣值得我們認真學習借鑑。

（二）精英是推進改革的最大源動力

唯思史觀認為：「在人類社會中，每個人都不同於自然界中均質

的分子，都有自己的思想、道德、觀念、習慣，都在（主要根據每個人的能力大小及其所處社會階層的高低）對社會產生不同程度的影響。」[36]唯思史觀還指出：因為思想產品市場比物質產品市場要求更為苛刻，所以真正有機會進入思想市場展示思想產品、進而對社會產生廣泛影響的，只可能是少數精英。因此，決定一個社會進步（或退步）的決定性力量，在任何社會都只能是這個社會的精英階層。認真研讀郭岱君女士回顧上世紀臺灣經濟改革歷程的《臺灣經濟改革故事（1949-1960）》，不難發現，在整個改革過程中，無論是最初經濟決策者的思想轉變，還是接下來關於經濟改革的三次大辯論，還是相關改革舉措的出臺、推進，臺灣社會頂層精英始終是改革的主角。具體言之，推動改革成功最重要的源動力，來自三個方面：一、蔣介石、陳誠等政界首腦的大力支持；二、尹仲容、嚴家淦、楊繼曾、李國鼎、王作榮等官僚精英的實幹精神；三、胡適、蔣碩傑、劉大中、邢慕寰等學界精英的搖旗吶喊。這三股力量擰成一股繩，終於促成了臺灣經濟奇蹟的出現。

放眼二戰後的世界，我們可以更加清晰地看到，被不同思想薰陶的各國精英，是怎樣把自己的國家引向不同發展道路的。一九三一年哈耶克在倫敦政治經濟學院任教時，「英語世界最重要的社會主義知識份子」拉斯基風頭正健。他嚴厲斥責「自由企業的無政府狀態」，宣稱：「沒有什麼中間道路，自由企業和市場經濟就意味著戰爭，社會主義和計畫經濟則意味著和平。」因為這所學院被視為英國「最重要的高等教育機構」，很多落後國家和地區的精英都去留學，結果二戰後，許多新興獨立國家的民族主義領導人都曾是拉斯基的學生。拉斯基「塑造了如此多新興國家的未來領袖的精神」，以至於半個多世

---

36 拙作：〈經濟學研究需要理論創新——基於唯思史觀的思考〉，《北京社會科學》2015年第11期。

紀後，哈耶克在《致命的自負》的草稿中寫道：他到亞洲、非洲旅行時發現，政府中掌權的人，很多都在二十世紀三四十年代在倫敦政治經濟學院讀過書，都曾受教於拉斯基。近一個世紀過去了，這些國家大多依舊落後貧窮。箇中原因，發人深省。

與之相對應，一九四七年哈耶克發起成立的新自由主義學術團體「朝聖山學社」，則為世界貢獻了思想觀念截然不同的另一批學者和領袖。「許多朝聖山學社的創建者，包括全球最傑出的自由主義經濟學家，都對自己的祖國，尤其是對德國、美國、法國和英國具有相當大的影響」[37]——如為聯邦德國戰後成功地由納粹統制經濟轉向市場經濟提供了理論藍圖的弗萊堡學派著名經濟學家歐根·勒普克，聯邦德國經濟轉型的關鍵人物、曾經擔任經濟部長、政府總理的艾哈德，幫助戴高樂成功振興法國經濟的主要顧問盧埃夫，後來當選義大利總統的經濟學家路易吉·埃諾迪，以及米塞斯、弗里德曼等知名學者。

（三）改革呼喚政府職能的轉變

縱觀人類歷史，不難發現：政府辦企業基本上是一種非正常狀態下（如戰爭造成巨大軍費壓力，通過正常稅費管道已經無法滿足財政需要）不得已而為之的權宜之計（直接辦企業創收或製造軍需品）——中國歷史上，不僅西漢武帝時期是如此，三國亂世時期、安史之亂時期、北宋末期（面對北方遊牧民族的騎兵優勢，不得不將百分之八十的財政收入充作軍費，財政拮据下的「變法」創收又使社會經濟進一步惡化）也是如此。二戰時期的軸心國、同盟國，也都在不同程度上創辦過國有企業。然而，因為「所有者缺位」頑疾無法克服，與民營企業相比，官辦企業從來都是低效率的。經驗告訴我們：

---

37 阿蘭·艾伯斯坦：《哈耶克傳》（北京市：中國社會科學出版社，2003年），頁242-245。

同樣多的資源，掌握在政府部門手裡是效率最低的——據「向總理說實話」後「被辭職」的李昌平調查：在貴州，農民集資修公路，一公里不到八千元，而且經久耐用；政府修的公路，一公里造價十多萬元，還經常因為「豆腐渣問題」不得不重修。因此，非正常狀態結束後，無論是古代中國還是二戰後的工業化國家，都不約而同地推進「國退民進」，而且推進得越快、越徹底，經濟恢復得越迅速、發展得越好。二戰後主要工業化國家中，經濟發展最好的是日本，最差的是義大利，這與日本國企在國民經濟中所占比重最低，而義大利則通過上世紀三十年代墨索里尼法西斯政府執政時期開始實施的「國家參與制」經濟政策控制了相當多的企業、戰後推進國退民進又進展緩慢有很大關係[38]；上世紀七〇年代柴契爾夫人大刀闊斧搞改革，治癒「英國病」的藥方中，最重要的內容同樣是國退民進。

必須指出的是，經濟改革強調減少政府對市場的干預，並不是將政府管理排除在社會經濟活動之外。恰恰相反，市場經濟越發達，政府管理越應該加強，因為市場離不開政府提供的法律秩序等公共品。關鍵是要正確認識政府管理的內涵、認清政府職責所在，知道政府該做什麼、不該做什麼。為此，首先必須從理論上徹底肅清凡是涉及「國計民生」的經濟領域就必須由政府親自操辦的錯誤認識（造幣和國防直接關係到「國計民生」，但是美國、香港的貨幣全部是私人銀行發行的，卻絲毫沒有影響這些國家和地區的經濟發展；美國軍隊的

---

38 義大利上世紀七〇年代開始對效率地下的國企進行改革（當時國企已經基本上控制了義大利基礎工業和基礎設施部門，虧損嚴重，靠政府巨額財政補貼維持，嚴重拖了義大利經濟的後退，國企改革勢在必行），一九九三年取消了類似於國資委的國家參與部。然而，由於擔心失業、公眾社會福利受損等引起社會動盪產生的政治影響，以及力主發展國有經濟的社會民主黨等政治團體的對經濟政策的不同主張，義大利的國企改革步履艱辛（詳見李俊江、卓主出：《義大利國營企業的改革及其對我國的借鑑》）。

武器全部是由民營企業提供的，也絲毫沒有對美國作為世界第一軍事強國的地位產生負面影響。近些年來，美國政府更是把宇航等高精尖產業開放給民間，反而進一步促進了這些產業的發展），從思想上認清這樣一個事實：「事情重要」與「必須官辦」之間，沒有任何必然聯繫（實際上，如前所述，正因為「資源掌握在政府部門手裡是效率最低的」，所以，越是重要的經濟事業，越是應當鼓勵民營企業去做才是正理）。這個問題搞清楚了，政府職能轉變就順理成章了——即政府必須制訂出合理的遊戲規則（政策法規）並且當好裁判，而不是進場踢球。具體言之，就是政府應當在生產和流通領域實行全面和充分的市場經濟，以解決效率問題；在分配領域運用其行政和法治的管控能力，解決好公平問題。在生產領域，政府應當根據市場經濟原則制定經濟政策及相應的法律制度，為市場經濟的發展提供一個好的秩序平臺，保障市場經濟的正常運行。在這方面，臺灣經濟改革的成功經驗同樣為我們提供了很好的借鑑。

政府職能的轉變，不僅體現在保護私有產權、維護社會及市場秩序、保證各種社會契約的有效性等方面，還體現在另外一個重要方面，就是通過提供一張大的、強有力的社會安全網，鼓勵人們以更加積極的態度、盡可能廣泛地參與社會各方面的經濟活動。這張社會安全網的內容，包括最基本的住房保障制度、醫療保險制度、終身教育制度、失業保障制度、再就業服務制度、針對弱者的社會救濟制度，以及鼓勵人們投資於科研和創新的制度建設等等。顯而易見，制訂這一系列制度的宗旨，不是要建立鼓勵人們不勞而獲的「福利國家」，而是幫助人們解除後顧之憂，在社會經濟活動中大膽創新、大顯身手。

需要特別指出的是，任何大的改革都是配套工程。幾乎在臺灣經濟改革的同時，臺灣領導人反思在大陸失敗的教訓，還進行了三個重要的相關領域的改革：黨務改革、土地改革和地方自治。黨務改革以

新成立的「中央改造委員會」掌握最高政治權力，徹底甩掉了舊的黨國政治架構包袱，清除了政界精英中的保守勢力，為改革掃清了障礙；土地改革按照三七五減租、公地放領、耕者有其田三個階段進行，以和平方式解決了臺灣的三農問題；通過地方自治，向臺灣本土精英開放了上升通道，既調動了臺灣民眾參與改革的積極性，也在一定程度上減輕了「維穩」的壓力。

　　最後，筆者想用郭岱君女士充滿唯思主義思維的忠告作為結語：「改革最重要就是要換腦袋，是要上面的人換腦袋，不是經濟學家換腦袋，也不是媒體的人要換腦袋，最重要就是負責財經的官員和最上面的執政者。改革光是點點滴滴也不夠，需要全盤的改革，這樣改革才可以持久。經濟改革最後是要制度化，也就是法令規章的完備，這一點非常重要，也是今天中國大陸特別要用心的。」[39]

---

39 郭岱君：〈從計畫到市場的臺灣經驗〉，《南方都市報評論週刊》2010年8月22日。

是什麼推動了人類社會歷史的發展與進步？

一　唯物史觀的解讀

　　人類社會歷史是遵循怎樣的規律發展的？它的動力是什麼？對此，馬克思在他創立的歷史唯物主義理論裡有明確的、肯定的論述。馬克思在〈《政治經濟學批判》序言〉中概述了他的唯物史觀的兩大理論基礎：一是哲學的：不是精神決定物質，而是物質決定精神；不是意識決定存在，而是存在決定意識。一是政治經濟學的：生產力決定生產關係，經濟基礎決定上層建築；隨著生產力的不斷發展，現存的生產關係從生產力發展的形式，變成為生產力發展的桎梏，此時社會革命的時代就到來了——即被壓迫被剝削的階級起來，用暴力摧毀統治剝削階級的統治，改變阻礙生產力發展的生產關係及其全部上層建築，建立起新的適合生產力發展的生產關係及其上層建築，從而解放生產力，使社會向著更進步的、高級的形態演進和發展。在這裡，經濟學上的生產力和生產關係的矛盾，直接表現為階級矛盾和階級鬥爭。所以恩格斯說：「政治經濟學研究的不是物而是人與人之間的關係。歸根到底是階級和階級之間的關係。」[1]這種階級與階級之間的關係所形成的階級鬥爭，在馬克思主義創始人看來是一切社會形態所

1　馬克思／恩格斯著，中共中央馬克思恩格斯列寧斯大林著作編譯局譯：《馬克思恩格斯選集》（北京市：人民出版社，1995年），卷2，頁131。

共有的,即《共產黨宣言》中所說的:「一切社會的歷史都是階級鬥爭的歷史。」(後來,恩格斯於一八八八年英文版上加注:「確切地說,這是指有文字記載的歷史。」)[2]正是基於這種生產力與生產關係的矛盾所形成的的階級矛盾和階級鬥爭,推動著人類社會形態的不斷演進和發展。馬克思把這種人類社會由階級矛盾和階級鬥爭所推動和發展的規律性表述為:「大體說來,亞細亞的、古代的、封建的和現代資產階級的生產方式,可以看做是社會形態演進的幾個時代。」而「資產階級的生產關係是社會生產過程的最後一個對抗形式……人類社會史前時期就以這種社會形態而告終。」基於上述唯物史觀理論,進一步形成了馬克思的社會革命理論:一、階級矛盾和階級鬥爭是推動人類社會歷史發展的動力。這個觀點,在他一八七九年的〈給奧·倍倍爾、威·李卜克內西、威·白拉克等人的通告信〉中有明確的表述:「將近四十年來,我們都非常重視階級鬥爭,認為它是歷史的直接動力,特別是重視資產階級和無產階級之間的階級鬥爭,認為它是現代社會變革的巨大的杠杆。」[3]二、被壓迫、被剝削階級用革命暴力推翻統治階級的統治,「使自己上升為統治階級……並以統治階級的資格,用暴力消滅舊的生產關係」,「實行強制性的干涉……作為變革全部生產方式的手段是必不可少的。」[4]也就是說,在舊社會的滅亡、新社會的的形成中,暴力革命是必然的、必要的。馬克思形象地把它說成:「暴力是每一個孕育著新社會的舊社會的助產婆。」[5]恩格

2　馬克思／恩格斯著,中共中央馬克思恩格斯列寧斯大林著作編譯局譯:《馬克思恩格斯選集》(北京市:人民出版社,1995年),卷1,頁251。

3　馬克思／恩格斯著,中共中央馬克思恩格斯列寧斯大林著作編譯局譯:《馬克思恩格斯全集》(北京市:人民出版社,1979年),卷19,頁182-190。

4　馬克思／恩格斯著,中共中央馬克思恩格斯列寧斯大林著作編譯局譯:《共產黨宣言》(北京市:人民出版社,1997年)。

5　卡爾馬克思著,中共中央馬克思恩格斯列寧斯大林著作編譯局譯:〈所謂原始積累〉,《資本論》(北京市:人民出版社,1975年),卷1,頁530。

斯也說：「暴力在歷史中還起著另一種作用，革命的作用……它是社會運動藉以為自己開闢道路並摧毀僵化的垂死的政治形式的工具。」[6]

現在讓我們根據「實踐是檢驗真理的唯一標準」的原則，把上述唯物史觀的論點，放進人類社會歷史發展的長河中來加以考察吧：

在歷史上，奴隸社會的奴隸起義和封建社會的農民起義是不是社會發展的動力？是否起到了奴隸社會向封建社會轉變、以及封建社會向資本主義社會轉變的作用了呢？

在中國歷史上，見不到有關奴隸社會和奴隸起義史實的記載。在世界歷史上，奴隸社會和奴隸起義，主要見於古希臘、古羅馬。然而，無論是希臘的希洛人起義，還是羅馬的兩次西西里奴隸起義，以及隨後著名的斯巴達克斯奴隸大起義，都只是使起義者自身從奴隸變成了新的主人，而沒有參加起義隊伍的奴隸依舊是奴隸；起義者也並沒有提出、更沒有建立過比奴隸社會更進步的社會。對此，恩格斯就明確指出：「古代是沒有用勝利的起義來消滅奴隸制的這種事情的。」[7]在中國歷史上，幾千年的封建社會中，農民起義頻發，其規模之大、次數之多，在世界歷史上是僅見的。但是，其中獲得成功的農民起義，所建立起來的依舊是中央集權專制社會，並沒有產生較原有的社會形態更進步的社會；農民起義所實現的，也只是改朝換代，原來處於社會下層的草民，用暴力推翻了原來的皇朝統治者，成為新皇朝的統治者。在中國歷史上，從來沒有農民用勝利的起義來消滅皇權專制這種事情的。

實際上，人類歷史發展的過程表明：舊社會的滅亡、新社會的誕

---

6 馬克思／恩格斯著，中共中央馬克思恩格斯列寧斯大林著作編譯局譯：《馬克思恩格斯選集》（北京市：人民出版社，1995年），卷3，頁223。

7 馬克思／恩格斯著，中共中央馬克思恩格斯列寧斯大林著作編譯局譯：《馬克思恩格斯選集》（北京市：人民出版社，1995年），卷3，頁153。

生，一種社會形態向另一種更高、更進步的社會形態的演進，往往不是靠暴力革命，而是隨著社會經濟發展的進步而逐漸實現的。恩格斯在批判杜林的「暴力論」時，曾有過著力的分析和論證：「農業家族內的自然形成的分工，達到一定的富裕程度時，就有可能吸收一個或幾個外面的勞動力到家族裡來。在舊的土地公有制已經崩潰或者至少是舊的土地共同耕作制已經讓位給各個家族的小塊土地耕作制的那些地方，上述情形尤為常見。生產已經發展到這樣一種程度：人的勞動力所能生產的東西超過了單純維持勞動力所需要的數量；維持更多的勞動力的資料已經具備了；使用這些勞動力的資料也已經具備了；勞動力獲得了價值。但是公社本身和公社所屬的集團還不能提供多餘的供自由支配的勞動力。戰爭卻提供了這種勞動力，而戰爭和相鄰的幾個公社集團同時存在的現象一樣，都是由來已久的。在這以前人們不知道怎樣處理戰俘，因此就簡單地把他們殺掉，在更早的時候甚至把他們吃掉。但是在這時已經達到的『經濟情況』的水平上，戰俘獲得了某種價值；因此人們就讓他們活下來，並且使用他們的勞動。這樣，不是暴力支配經濟情況，而是相反暴力被迫為經濟情況服務。奴隸制被發現了。」[8]這就是說，奴隸制這種社會形態的出現和形成，是一種自然演進的經濟歷史過程，而不是階級鬥爭、暴力革命的結果。

那麼，奴隸社會是怎樣轉變為封建社會的呢？恩格斯在分析奴隸制的產生時，指出了戰俘是奴隸的真正起源。隨著戰爭的不斷發展和擴大，奴隸制也不斷發展起來：「這種制度很快就……成了占統治地位的生產形式」，「他們被成批地趕到了田野和工廠去勞動」。[9]馬克思

---

8 馬克思／恩格斯著，中共中央馬克思恩格斯列寧斯大林著作編譯局譯：《馬克思恩格斯選集》（北京市：人民出版社，1995年），卷3，頁219-220。

9 馬克思／恩格斯著，中共中央馬克思恩格斯列寧斯大林著作編譯局譯：《馬克思恩格斯選集》（北京市：人民出版社，1995年），卷4，頁159。

在《資本論》中也指出：「奴隸市場本身，也是由戰爭、海上盜劫等
等來不斷維持商品勞動力的供給。」[10]因此，奴隸制是建築在靠戰爭
掠取戰俘的基礎上，並以軍事優勢為條件的。但是在古代世界，任何
軍事優勢都是不能持久的。隨著軍力的衰落，奴隸來源的枯竭，奴隸
價格越來越貴，成本越來越高，使用奴隸勞動越來越不上算了。恩格
斯指出：「以奴隸勞動為基礎的大莊園經濟，已不再有利可圖；而在
當時它卻是大規模農業的唯一可能的形式。現在小規模經營已成為唯
一有利的耕作形式了。田園一個一個地分成了小塊土地，分別租給繳
納一定款項的世襲佃農，或專租給 partiarii（分成制農民），這種分成
制農民只能獲得他們一年勞動生產品的六分之一，或者僅僅九分之
一，他們與其說是佃農，勿寧說是田產看管人。但是這種小塊土地主
要地卻是租給隸農，他們每年繳納一定的款項，附著在土地上，並且
可以跟那塊土地一起出售；這種隸農雖不是奴隸，但也不被認為是自
由人，……他們是中世紀農奴的前輩。……古代的奴隸制已經過時
了，無論在鄉村的大規模農業方面，還是在城市的工廠手工業方面，
它都已經不能提供足以補償所耗勞動的收益，因為銷售它的產品的市
場已經消失了，帝國繁榮時代的龐大的生產，已經收縮為小農業和小
手工業，這種小農業和小手工業都不能容納大量奴隸了。只有替富人
做家務和供他過奢侈生活用的奴隸，還留存在社會上。……奴隸制已
不再有利，因而滅亡了。」[11]恩格斯還在批判杜林的「暴力論」時指
出：「美國的奴隸制對暴力的依賴，要比它對英國的棉紡織工業的依
賴少得多；在不種植棉花的地方，或者在不像邊境各州那樣為各植棉

---

10 卡爾馬克思著，中共中央馬克思恩格斯列寧斯大林著作編譯局譯：《資本論》（北京
　 市：人民出版社，1975年），卷1，頁530。

11 馬克思／恩格斯著，中共中央馬克思恩格斯列寧斯大林著作編譯局譯：《馬克思恩格
　 斯選集》（北京市：人民出版社，1995年），卷4，頁145-146。

州蓄奴的地區，奴隸制不須使用暴力就自行消失，這僅僅是因為奴隸制不上算。」[12]恩格斯在這裡論證了奴隸制的消亡，以及奴隸制為封建制取代、奴隸社會向封建社會演變，並不是基於階級鬥爭和暴力革命，而是社會經濟發展的自然演進過程。

接下來，封建社會又是如何演變為資本主義社會的呢？恩格斯是這樣分析的：「市民等級是一個被壓迫的等級⋯⋯它在反對貴族的不斷鬥爭中佔領了一個又一個的陣地，最後在最發達的國家中取代了貴族的統治。⋯⋯它是怎樣達到這個地步的呢？只是通過『經濟情況』的改變，而政治狀態的改變，則是或早或遲、或自願或通過鬥爭隨之發生的⋯⋯這一鬥爭中，市民的決定性的武器是他們的經濟上的強大手段。⋯⋯在這整個鬥爭中，政治暴力始終是在貴族方面，⋯⋯就政治狀態來說，貴族擁有一切，市民一無所有；可是就社會狀況來說，那時市民是國家最重要的階級，而貴族已喪失了他們的全部社會職能」。因此，市民等級「在英國它逐步地使貴族資產階級化，並把貴族同化，作為它自己裝潢門面的上層」。而在法國，由於「中世紀封建政治形式的鉗制⋯⋯行會特權以及各地和各省的關稅壁壘的鉗制，市民等級的革命結束了這種狀況」。[13]由此看來，封建社會轉變為資本主義社會，也是一個社會經濟發展逐步演進的自然過程，只是有時候在胎兒已經完全發育成熟（如上述法國）、即將臨盆時，遇到生理上或其它一些因素，不能順產，需要借助手術刀進行剖腹產時，才求助於所謂暴力革命的「助產婆」。可見，在封建社會轉變為資本主義社會的過程中，暴力革命也並不是必然、必要的。

---

12 馬克思／恩格斯著，中共中央馬克思恩格斯列寧斯大林著作編譯局譯：《馬克思恩格斯選集》（北京市：人民出版社，1995年），卷4，頁200-201。

13 馬克思／恩格斯著，中共中央馬克思恩格斯列寧斯大林著作編譯局譯：《馬克思恩格斯選集》（北京市：人民出版社，1995年），卷4，頁203-204。

　　最後，從資本主義社會向社會主義社會（共產主義社會）的轉變將是怎樣的呢？馬克思主義創始人說：「我們的時代，資產階級時代，卻有一個特點，它使階級對立簡單化了，整個社會日益分裂為兩大敵對的陣營，直接對立的階級：資產階級和無產階級。」[14]在這樣一個陣壘分明的鬥爭中，無產階級既沒有像當初市民階級（資產階級的前身）那樣，在反對封建貴族階級時，擁有「經濟上的強大手段」這一「決定性的武器」；在政治上，也沒有像封建貴族那樣，擁有「政治暴力」。因此，對無產階級來說，唯一可能的，就是將無產階級動員起來、組織起來，形成一支強大的有組織的隊伍，用革命暴力奪取政權，摧毀資產階級的統治。因此，暴力革命就成為無產階級反對資產階級的唯一道路和方法。所以《共產黨宣言》斬釘截鐵地說：「共產黨人不屑於隱瞞自己的觀點和意圖，他們公開宣布：他們的目的，只有用暴力推翻全部現存的社會制度才能達到。讓統治階級在共產主義革命目前發抖吧。」這裡說得很清楚：「只有用暴力」，別無選擇。在這裡，暴力革命只是在無產階級革命、變資本主義社會為社會主義（共產主義）社會的特定歷史條件下，遂成為必然的、必要的。但把它概括為人類社會歷史發展中一切社會形態轉變所必然的、必要的「助產婆」，則並不符合人類社會歷史發展的實際。

　　近代以來，隨著馬克思主義在全世界的廣泛傳布，世界各地的共產主義運動中，往往都是以暴力革命和推動暴力革命登上歷史舞臺的。從而在那些不發達國家和地區，「助產婆」的身份，一變而成「催生婆」——在那些胎兒尚未發育成熟、甚至還沒有形成胎兒的地方，「催生婆」就把「產婦」推上手術臺，實行剖腹產了。這恐怕是

---

14 馬克思／恩格斯著，中共中央馬克思恩格斯列寧斯大林著作編譯局譯：《共產黨宣言》（北京市：人民出版社，1997年）。

馬克思主義創始人始料所不及的。馬克思曾有一段經典名言:「無論哪一個社會形態,在它所能容納的全部生產力發揮出來以前,是絕不會滅亡的;而新的更高的生產關係,在它的物質存在條件在舊社會的胎胞裡成熟以前,是絕不會出現的。」[15]然而這一經典論斷,卻被他的後繼者把「助產婆」變成「催生婆」所推翻了。

二 唯思史觀(智創史觀)的解讀

唯思史觀(智創史觀)認為,人類社會歷史發展的動力,既不是來自上帝神的安排,也不是階級鬥爭和暴力革命,而是人類為了自身更好的生存和發展,以人類獨具的創造性思維力,不斷開發出的思想智慧和創造力,改造和改變客觀世界及人類自身的主觀世界,從而把人類社會不斷地向著更文明、更進步、更適合於人類生存和發展的社會推進。在這一發展過程中,人類始終面臨著從負面影響人類社會發展的兩大災害:一是天災,即自然災害(如水、旱、風、蟲、地震、火山噴發等等);一是人禍,即戰爭、暴亂,以及和平時期為政者決策失誤給社會帶來的損失。天災對人類造成的禍害是不言而喻的。人類社會發展的文明程度越低,自然災害對人類社會發展造成的負面影響越嚴重。隨著人類思想智慧和創造力的發展、科學技術的不斷創新和應用,使得人類防禦和克服自然災害的能力日益增強,從而有力地減輕了自然災害對人類社會歷史發展的負面影響。但是,同樣的自然災害對於人類以外的動物界,情況就完全不同了──由於它們不具有創造性的思維力和智慧,不能創造和應用科技手段去防禦和戰勝自然

---

15 馬克思/恩格斯著,中共中央馬克思恩格斯列寧斯大林著作編譯局譯:〈政治經濟學批判序言〉,《馬克思恩格斯選集》(第2卷)(北京市:人民出版社,1995年),頁83。

災害，往往只能逃避、甚至遭到滅頂之難。這表明：自然災害本身無論對於人類或動物界都是一種破壞力；人類的科技進步，源於人類的創造性思維力和智慧，並非得益於自然災害，認為自然災害具有促進科技發展的「助產婆」作用而加以肯定和稱頌，顯然十分荒唐！同樣，戰爭、暴亂本身和自然災害一樣，對人類社會歷史的發展是一種破壞力──它絕不是推動人類社會進步的「助產婆」。只是由於人們以自己創造性的思想智慧，正確吸取造成戰爭和暴亂的教訓，採取有效的措施，克服戰亂所造成的災難性的後果，從而推動了社會繼續發展和進步。試以中國的有關歷史為例：

秦末，前二○九年，由陳勝、吳廣領導的中國歷史上第一次大規模農民起義，歷時僅六個月就完全失敗了。接著是劉邦與項羽的爭奪戰。至前二○二年項羽敗亡，劉邦稱帝。前後歷時七年的戰亂，對社會造成的大破壞是驚人的：人口銳減，都市人口只有秦時的十分之二、三，農村勞動力極度缺乏，糧價飛漲，每石萬錢，「馬一匹則百金」，「自天子不能具鈞駟，而將相或乘牛車，齊民無藏蓋」[16]……面對極度凋敝破敗局面，起初出身草莽的劉邦，並不懂得如何吸取歷史教訓，制訂正確的治國興邦方針，對於謀士陸賈時時談論儒家經典《詩》、《書》很反感，罵他說：「老子是靠馬上得天下的，哪裡用得著《詩》、《書》這些東西？」陸賈說：你靠馬上得天下，難道可以用馬上治天下嗎？他進一步總結歷史上的治國經驗教訓說：商湯、周武王是以武力奪取天下，而又以文治安定天下，文武並用，所以能長治久安；過去的吳王夫差、晉國的智伯，都是倚仗武力、窮兵黷武而亡國。秦皇朝一貫採取嚴刑峻法統治，結果也滅亡了──如果當時秦皇朝在以武力奪取天下後，能學習過去聖王文治的經驗，你陛下能有得天下的今天嗎？劉邦於是接受了陸賈的建議，讓他把秦皇朝所以失天

---

16 〔漢〕司馬遷：〈平準書〉，《史記》（北京市：中華書局，2005年）。

下、劉邦所以能得天下，以及自古以來成敗得失的經驗教訓寫出來，並在朝廷上宣讀，形成共識，制訂出輕徭薄賦、鼓勵生產等與民休息的政策。經過文帝、景帝，至武帝即位，歷六十年時間，國力全面復興，國富家足，各地糧倉裡裝滿了糧食，庫房裡裝滿了銅錢，朝廷所藏的錢，達幾百萬萬──錢串子爛了，散錢都無法計算；朝廷所藏的糧食，新舊堆積，一直堆到露天地上，任它腐爛。朝廷的六個大馬苑，養馬三十萬匹；民間富人家家養馬，騎母馬出門，自覺丟臉。七年戰亂的破壞，經過六十年正確政策的治理才得以全面復興。

上述史實，說明起義和戰爭造成的是大破壞，絲毫也不能促進社會的進步和發展；只是由於國家領導層經過認真思考，正確總結了歷史上治國的經驗教訓，根據當時社會的實際，採取了正確的治國方針和政策，才逐步醫治了戰亂的創傷，使社會得以發展和進步。正是人們的思想智慧推動了社會的發展和進步。而秦皇朝的覆亡，則從反面說明了同樣的道理。賈誼在〈過秦論〉中說：秦始皇「奮六世之餘烈，振長策而御宇內，吞二周而亡諸侯，履至尊而制六合，執敲樸而鞭笞天下」，以強大的武力，橫掃六國，一統天下。「於是廢先王之道，燔百家之言，以愚黔首；墮名城，殺豪傑，收天下之兵，聚之咸陽，銷鋒鏑，鑄以為金人十二，以弱天下之民」。同時「使蒙恬北築長城而守藩籬，卻匈奴七百餘里。胡人不敢南下而牧馬，士不敢彎弓而報怨。……據億丈之城，臨不測之淵，以為固。良將勁弩守要害之處，信臣精卒陳利兵而誰何？……始皇之心，自以為關中之固，金城千里，子孫帝王萬世之業也」。這些對秦始皇治國之道的描述，用陸賈的話來概括，即秦皇以馬上得天下、以馬上治天下而不知變，結果是「一夫作難而七廟隳，身死人手，為天下笑者，何也？仁義不施而攻守之勢異也」！也就是以武力奪天下，而不懂得以文治安定天下的道理。

　　秦亡漢興的這段歷史，說明秦皇朝的滅亡，並不是由於秦皇朝代表的社會生產關係，已經嚴重阻礙了生產力的發展，以陳勝、吳廣為代表的農民起義是要求推翻秦皇朝所建立的新的生產關係。事實上，秦皇朝建立的新的中央集權大一統的皇權專制模式，代表了新生的生產關係，此後兩千多年都是實行的這一制度模式。「漢承秦制」，漢皇朝是繼承了秦皇朝的制度模式，而不是推翻這種模式。不同的只是劉邦接受了謀士的建議，改變了「馬上得天下，以馬上治天下」的方式，實行了「與民休息」的方針，亦即是為政者治國的思想智慧不同而已。把秦亡漢興歸功於農民起義是不對的，起義帶來的七年戰亂造成的是大破壞，如果劉邦不接受歷史教訓，不改變馬上治天下的思路，走秦始皇的治國老路，就不可能開創漢興的局面。[17]因此，是智慧、只有思想智慧才是創造人類社會歷史發展的動力。

　　在人類歷史上，戰爭和暴亂一直是難以抹去的魔影，它給人類社會帶來的災難是無與倫比的，而且隨著社會的發展，戰爭規模越來越大，手段也越來越殘酷。戰國時期長平之役，四十萬趙卒被活活坑殺。秦滅六國，皇甫謐《帝王世紀》記載：「秦兼諸侯，置三十六郡，其所殺傷，三分居二。」馬非百《秦集史》記載：秦獻公二十一年至秦王政十三年（西元前241-234），一百〇七年間，被秦軍斬首的敵軍竟達一百六十七萬八千人！[18]西元七五五年安史之亂，中國人口從九百萬戶銳減至兩百萬戶，人口四分之三慘死於變亂之中。唐末黃巢之亂，竟以人肉為糧糗，數百巨錘，同時開工，成為供應軍糧的人肉作坊，無論男女老幼，悉數納入巨舂，稱之為「搗磨寨」。[19]北宋靖

---

17 與劉邦幾乎面臨同樣「客觀存在」的朱元璋，則因為指導思想的不同而成為反面教材。詳見拙作〈唯思史觀（智創史觀）——人類認識自身何以進步的新的思想方法〉，《中國當代藝術 2013》（北京市：九州出版社，2014年）。

18 馬非百：《秦集史》（下）（北京市：人民出版社，1982年），頁1014-1020。

19 《舊唐書》〈列傳第一百五十〉〈黃巢傳〉載：「賊圍陳郡三日，關東仍歲無耕稼，

康之難，「靖康丙午歲，金狄亂華，六七年間，山東、京西、淮南等路，荊榛千里，斗米至數十千，且不可得。盜賊官兵以至居民，更互相食。人肉之價，賤於犬豕，肥壯者一枚不過十五千。」[20]中世紀蒙古靠暴力崛起，給人類帶來的災難更是罄竹難書：西元一二一五年，成吉思汗攻陷金中都（今天的北京），對城中居民進行了滅絕人寰的大屠殺，一座歷史古城被徹底毀滅──直到今天，我們都很難找到元代以前的遺跡；成吉思汗死後，蒙古軍隊奉其遺詔，對敢於抵抗的西夏國施行種族滅絕政策，不僅將首都興慶府幾十萬人全部屠殺、將整個城市焚毀，將西夏王陵、皇宮、行宮、西夏文字記錄全部焚毀，將西夏皇族全部屠殺，而且對整個西夏黨項民族進行滅族屠殺，西夏文明從此徹底毀滅。蒙古人數次西征，凡遇抵抗即屠城，屠城數百；《多桑蒙古史》記載：放棄抵抗後仍遭蒙古人屠城的大城市即不下五十座，小村鎮更是不計其數。被蒙古騎兵踐踏過的地方，大多至今未能恢復昔日的輝煌。

　　到了近代，工業文明使戰爭和暴力給人類帶來了更大陰影。一戰期間，用飛機、坦克、潛艇、毒氣武裝起來的交戰雙方，總計動員軍隊六千五百〇三萬人，損失三千七百五十萬人，其中死亡八百九十五萬人；財產損失更是難以估量。二戰期間，人類又發明了原子彈，能夠瞬間使數以十萬計的人喪生。武器的威力使得大國領導人在戰後相當長的一段時間裡相互保持克制、不敢輕易發動大規模戰爭。

人俄倚牆壁間，賊俘人而食，日殺數千。賊有春磨砦，為巨碓數百，生納人於碓之，合骨而食，其流毒若是。」《新唐書》〈列傳第一百五十下〉：「楷擊陳州敗死，巢自圍之，略鄧、許、孟、洛，東入徐、袞數十州。人大饑，倚死城壍，賊俘以食，日數千人，乃辦列百巨碓，糜骨皮於臼，並啖之。」《資治通鑒》〈第二二五卷〉「巢益怒，營於州北，立宮室百司，為持久之計。時民間無積聚，賊掠人為糧，生投於碓，並骨食之，號給糧之處曰『春磨寨』。縱兵四掠，自河南、許、汝、唐、鄧、孟、鄭、卞、曹、濮、徐、袞等數十州，咸被其毒。」

20 〔宋〕莊綽：《雞肋編》（北京市：人民出版社，1983年），卷中。

　　戰爭、暴亂之外，統治者的錯誤政策造成的人禍，其危害也往往是十分巨大的。譬如，蘇聯第一個五年計畫期間，斯大林強制推行錯誤的農業集體化政策，將全體農民推入痛苦的深淵。烏克蘭原來是世界著名糧倉。農業集體化時發生了大饑荒，死亡人數高達千萬。[21]集體化成了地地道道的針對農民的大屠殺，而且受害者首先是農村中的最優秀部分，即最能幹、最富裕、最富有創新精神的農民；代之而起的集體農莊莊員，則對自己的勞動毫無興趣，像農奴一樣從屬於集體農莊。蘇聯農業從此一蹶不振，成為國民經濟中的軟肋，拖累了整個經濟。[22]不久後斯大林又發動「大清洗」，以革命的名義屠殺自己的同志和同胞。據一九九七年法國出版的《共產主義黑皮書》統計：一九三七至一九三八年間，蘇聯內務部共逮捕一百五十七點五萬人，其中六十八萬人被槍決。蘇共十七大選出的中央委員和候補中央委員一百三十九人中，百分之八十被逮捕並全都被處死。軍隊中，五名元帥中的三人、四名一級集團軍級將領中的三人、十二名二級集團軍級將領的全部、六十七名軍長中的六十人被處死。蘇軍損失了大量精英，直接導致一九四一年六月德軍進攻蘇聯初期，後者被打得丟盔棄甲損失慘重幾乎崩潰——成建制的部隊、幾百萬蘇軍被殲滅、俘虜。如果不是幅員遼闊、有足夠戰略縱深節節抵抗，以及以美國為首的盟國鼎力相助，蘇聯差一點亡國滅種。

---

21 二〇〇七年十月二十三日《青年參考》轉載俄羅斯媒體十月十九日報道：烏克蘭外交部代表彼得・多岑科在參加聯合國大會時，要求聯合國承認一九三二年至一九三三年發生在烏克蘭境內的大饑荒，是針對烏克蘭人民的種族滅絕行為。他說：「前蘇聯政權人為造成了烏克蘭大饑荒，一九三二年至一九三三年間共有一千萬無辜的烏克蘭人因饑餓而喪生，死亡人數占當時烏克蘭總人數的百分之二十五。」在因饑荒喪生的一千萬人口中，甚至包括四百萬兒童。當時烏克蘭中部和東部的人口因為饑荒而減少了一半。

22 述弢：〈國家災難：蘇聯農民口中的農業集體化」〉，《經濟觀察報》2011年9月25日。

三　結語

　　戰爭、暴亂和統治者的錯誤政策所引起的社會動盪和災禍，阻滯了人類社會正常的生存和發展；和平安定的生活環境，是人類繁榮發展的必要條件。無論古今中外，概莫能外。那種稱階級鬥爭、暴力革命是人類社會發展動力的理論，是不符合人類社會歷史發展的實際的。

　　一八五九年達爾文《物種起源》的出版，對當時的社會和思想界產生了巨大影響，進化論成為十九世紀人們研究自然、生物與社會發展的重要理論依據。美國人類學家摩爾根從技術發明的角度，將人類社會發展分為蒙昧、野蠻與文明三個遞進的階段，在《古代社會》中構建了直線文化進化論。摩爾根有關社會結構與物質文化的研究對恩格斯產生了深刻影響，反映在其唯物史觀名著《家庭、私有制和國家的起源》一書中。沿著這一思路，斯大林提出人類社會必然經歷原始社會、奴隸社會、封建社會、資本主義社會、共產主義社會的五階段進化論。上世紀六〇年代，部分文化人類學者又提出新進化論，主張人類社會經歷了遊群、部落、酋邦和國家四階段的社會進化。

　　唯思史觀認為，只有思想智慧才是推動人類社會歷史發展的真正動力。因此，經濟史及經濟思想史研究可以從一個新的視角，按照人類創造性思維力的發展以及運用思想智慧創造出來的物質和精神文明的發展水平，劃分和研究人類社會歷史發展的不同階段，如漁獵階段、農牧及手工業階段、機器工業階段、電氣化階段、信息化階段、智能化階段等等。隨著人類創造性思維力的發展，人類用思想智慧創造的物質文明和精神文明的發展前景是無限的；人類社會的發展會走向何方，也是難以預知的。

交換開啟人類文明進步之路
——基於唯思史觀的考察

　　法國人皮凱蒂在《21世紀資本論》中指出：根據經濟史學家麥迪遜的計算，工業革命前，世界人均產值的增長率幾乎是零；工業革命後，一七〇〇至二〇一二年，世界人均產值的增長達到年均百分之〇點八——三百年來的持續增長，實現了人類社會經濟的普遍繁榮。

　　但是，包括皮凱蒂在內，長期以來人們並沒有正確回答這樣一個問題：為什麼工業革命後人類社會經濟能實現持續增長？

　　答案是：在於交換的普遍實現。

　　唯思史觀認為，交換是人類最獨特、最具創造性的社會行為，人類社會的一切進步，都離不開精神及物質財富交換的作用，「交換市場的發達與否直接決定了人類社會進步與發展的速度」。[1]研究並揭示交換（包括物質產品市場的交換和思想產品市場的交換）在人類社會發展進程中的重大意義和作用，對於人們自覺運用並積極推進交換關係的發展，促進人類社會的物質文明和精神文明進步，都有著重要的理論和現實意義。

　　交換在人類的社會活動中，包括物質產品和精神產品的交換；本文中所探討的，是有關物質產品的交換。本文擬從四個方面論述：一、交換是人類獨有的能促進並加速精神及物質財富的生產和積累的

1　拙作：〈經濟學研究需要理論創新——基於唯思史觀的思考〉，《北京社會科學》2015年第11期。

社會行為；二、交換促進了生產及科技、管理水平的提高；三、交換促進了人類和平；四、交換增進了人類文明。

一　交換是人類獨有的能促進並加速精神及物質財富的生產和積累的社會行為

　　自由交換各自擁有的東西，似乎是人類最為平常的社會行為。然而，我們審視一下動物界以及人類社會早期歷史階段就會發現：不僅人類以外的其他動物不會交換，原始社會形態下的野蠻人也不懂交換。

　　譬如，螞蟻是一種遠比人類古老的動物，而且比人類更勤勞、勇敢、善於協作、富有犧牲精神──總之，螞蟻具備很多令人類汗顏的美德，部分蟻類甚至還會通過組織生產「豐衣足食」（切葉蟻比人類更早掌握了種植技術，會「種蘑菇」）。然而，我們從未發現兩個蟻群之間有交換獵物或其他勞動產品的行為。又如，狗是人類的老朋友，已經伴隨人類生活了幾萬年。然而，直到今天，狗也沒有從人類那裡學會交換這一看似簡單的社會行為──你很難想像兩隻狗會交換各自主人投放給自己的、早已吃膩了的不同品牌的狗糧。

　　自然界中，的確有一些動物之間存在著互助共生的行為，如鱷魚與千鳥、犀牛與犀牛鳥、鯊魚與嚮導魚、海葵蝦與紅海葵、隱魚與海參、野山羊與火雞等等。但是，這些動物之間的互助，僅僅是出於與生俱來的求生本能，並不是有意識地生產並交換各自的產品。

　　懂得交換，還使得我們的祖先智人戰勝了強勁對手──尼安德特人，成為地球的唯一主宰。英國《新科學家》雜誌網站二〇〇五年四月一日報導，美國密歇根大學和荷蘭蒂爾堡大學經濟學家的研究結論表明：曾經繁衍了二十六萬年的尼安德特人在三萬年前迅速滅絕，是因為其競爭對手、人類祖先智人對貿易交換的掌握，使其在進化中占

了上風。[2]

唯思史觀認為，相對於物質產品市場的交換，「思想產品市場的發展更為重要」。據《南方週末》報道：十萬年前，智人已經出現了很久，卻仍不過是「另一種大型哺乳動物」，比黑猩猩聰明得有限；直到六、七萬年前，隨著語言的發明，人們可以交換彼此的思想智慧，才出現了智力的飛躍，看到了文明的曙光。[3]通過語言交流，不同的原始人群獲得有關彼此生產、生活狀況的信息，從而為彼此間思想和物品的交換創造了必要的可能和條件。

仔細考察人類社會，我們還會發現：是否熟練掌握了交換行為，以及交換的深度與廣度，對不同族群的發展有著決定性的影響。歐洲人剛到美洲大陸時，發現當地很多原始部落基本上不懂得交換、只知道搶劫；如果彼此實力相當、無法互相搶劫，不得已而為之的交換也帶有搶劫的色彩。通常的做法，是雙方先把各自的東西放在一個傳統地點（如一塊大石頭上），然後守候在附近、嚴陣以待——到了某個約定的時刻，雙方各派本部落跑得最快的人同時衝過去，把對方放在那裡的東西拿走並迅速跑掉（跑慢了即有人財兩空的危險）。[4]一些進化稍快的部落，如南美亞馬遜河流域的南比克拉瓦人，也未能掌握基

2　參見新華網：〈經濟學家稱歐洲原始人滅絕的原因是不懂貿易〉，網址：http://www.sina.com.cn 2005-4-2-17：36。

3　寶樹：〈真實版的「猩球崛起」〉，《南方週末》2017年10月19日。另外，美國人戴維·S·蘭德斯也在《國富國窮》中指出：「如果說商品上的互通有無很重要，那麼思想上的互通有無更加重要得多。」戴維·S·蘭德斯：《國富國窮》（北京市：新華出版社，2010年），頁37。

4　據恩師朱家禎先生回憶，直到上世紀五〇年代，中國科學院少數民族社會歷史調查團（朱先生是調查團成員）在雲南考察時，仍然發現個別與外界接觸較少的少數民族，其交換行為與歐洲人發現的原始美洲人非常相似：將用於交換的獸皮放置在傳統地點，然後張弓搭箭，埋伏在周圍——如果前來交換的人，在拿走獸皮時隨意留下若干物品（鹽巴、茶葉等），即可全身而退；否則會被亂箭射死。

本的交換機巧，其交換活動更像是一場鬧劇。[5]

　　直到今天，世界上最貧窮落後、幾乎不擁有任何財富的人類部落，無一例外都是與世隔絕、絕少與外界進行交換的。譬如，非洲沙漠深處的布希族人以小家庭為單位獨自生活，同一家族的人都幾年不見面、更談不上與外界的溝通交換。他們依靠狩獵和採集，一直過著原始人的生活。

　　中國雲南地區景頗族，在很長一段歷史時期社會發展一直處於落後狀態。十九世紀中葉發生的鴉片戰爭打開了滿清王朝封閉的國門，同時英帝國對緬甸的殖民統治，使資本主義商品經濟的影響，很快擴展到與緬甸山水相鄰的景頗族地區。此前景頗族社會長期處於閉塞落後的自然經濟狀態，產品單一（可供交換的只有少量山貨及木柴）、交通不便，不僅各村社內部基本上沒有商品交換，除鹽巴等極少數生活必需品外，與外部交換也很少。鴉片戰爭後，景頗族開始生產體積小、價值高、便於攜帶、頗受市場歡迎的新產品——鴉片。於是，布

5　著名人類學家、法國人列維-斯特勞斯在其名著《憂鬱的熱帶》中，詳細記述了當時生活在巴西亞馬遜河流域的南比克拉瓦人極為原始的交換過程：交換前，兩個族群之間會長時間地打嘴仗、載歌、載舞、羞辱對方（設法扯下對方遮蓋陽具的草袋）、甚至奪走對方最重要的生產和生活工具——弓箭，把它們藏到對方找不到的地方，氣氛緊張得好像隨時會爆發戰爭。這樣折騰一夜，黎明時分鬧劇終於結束，雙方開始交換。然而，交換很不「正規」：「很難相信他們真的是在進行交換禮物：那場爭吵之後的那個早晨，每個人都進行日常的活動。物件或產品由一個人轉移到另一個人手中，給予者甚至沒有表明他是在贈送一樣禮物，而獲得者也並不對他新得到的東西多加注意。……這種神秘的物品交換進行了大半天之久，然後兩群人分開，各走各的路。（交換過程中）南比克拉瓦人依賴對方的慷慨大方。他們從來沒有想到要估價、爭論、討價還價、要求或取回。……在此情形下，一旦交換以物易物結束以後，一群人會心裡很不滿意地離開就一點不足為奇了——慢慢地（他們計算一下所得的禮物和他們付出的禮物）會增加不滿的情緒，到了充滿攻擊性的程度。這種不滿的情緒常常足以引發戰爭。」（列維-斯特勞斯：《憂鬱的熱帶》〔北京市：人大出版社，2009年〕，頁389。）

疋、棉紗、陶器、酒類等交換來的日用工業品越來越成為景頗族的生活必需品；原先景頗族自己植棉紡紗，在商品經濟發展起來後，棉花的種植很快就絕跡了。商品經濟的發展，使得景頗族的社會面貌發生了深刻的變化。[6]

在西方，從古希臘時期的亞里士多德、中世紀的托馬斯‧阿奎那，到近代的威廉‧配第等學者，都強調生產勞動的重要性，認為只有汗滴八瓣的「誠實勞動」才具有「客觀價值」、才是創造財富的源泉。隨著工業革命後商品經濟的發展，交換在社會再生產過程中的重要作用逐漸為人們所認識。十九世紀八〇年代，隨著奧地利的門格爾（一八七一年出版《國民經濟學原理》）、英國的傑文斯（一八七一年出版《政治經濟學原理》）、法國的瓦爾拉斯（一八七三年出版《純粹經濟學要義》）等學者提出邊際效用價值論，強調交換過程中價值創造的主觀性，人們才開始真正領悟財富增長的奧秘。[7]

中國歷史上，最為中外史學家稱道的時代是宋代。陳寅恪在〈鄧廣銘《宋史職官志考證》序〉中說：「華夏民族之文化，歷數千載之演進，造極於趙宋之世。」法國漢學家謝和耐在《南宋社會生活史》中說：「十三世紀的中國在近代化方面進展顯著，比如其獨特的貨幣經濟、紙幣、流通證券，其高度發達的茶鹽企業。……在社會生活、藝術、娛樂、制度、工藝技術諸領域，中國無疑是當時最先進的國

---

6 朱家禎：〈景頗族農村公社土地制度的歷史考察〉，《歷史研究》1963年第6期。

7 受威廉‧配第等古典經濟學家勞動價值論影響，馬克思早年在研究資本時提出了剩餘價值理論，並且認為這是他對經濟分析發展最重要的貢獻（馬克思，L，一八六九年八月十四日給恩格斯的信）。然而，哈耶克在《致命的自負》中寫道：「正如約齊姆‧雷格（在他為龐巴威克討論馬克思剝削理論的文章的西班牙文譯本所寫的導言裡，一九七六）指出的那樣，馬克思在學過傑文斯和門格爾的（關於邊際效用的）著作之後，似乎完全放棄了對資本的進一步研究。果真如此的話，他的追隨者顯然不如他本人聰明。」（北京市：中國社會科學出版社，1997年），頁172。

家，它具有一切理由把世界上的其他地方僅僅看作蠻夷之邦。」李約瑟在《中國科學技術史》中說：「中國的科技發展到宋朝，已呈顛峰狀態，在許多方面實際上已經超過了十八世紀中葉工業革命前的英國或歐洲的水平。」

比起讚美宋代「財用較于漢、唐所入，十倍於漢、五倍于唐」[8]的富庶，筆者更想強調的，是判斷一個國家是否美好，一個非常重要的指標，是政府及社會如何對待弱者。宋代的社會福利保障制度同樣令人羨慕。宋代官辦社會救濟機構遍佈全國，各地建有大量施藥局（政府免費向窮人發放藥物）、福田院（在窮人最難熬的冬、春兩季收養饑民、難民及老幼廢疾的官辦慈善機構）、居養院（收養「鰥寡、孤獨、貧乏之人」）、安濟坊（收養「民之有疾病而無告者」）、養濟院（兼有居養和安濟功能的綜合慈善機構）、慈幼局（高水準的官辦孤兒福利院[9]）、漏澤園（政府負責免費安葬逝者）等等。甚至對關押在監獄中的犯人，宋廷的很多規定，都體現出濃厚的人道主義關懷。[10]宋廷還制定出一整套嚴格的制度，保障慈善福利政策的落實。以至於部分官員為了表現工作積極，在執行政策過程中發力過猛、「奉行過當」。[11]

8　〔南宋〕章如愚：《山堂先生群書考索・續集》（揚州市：廣陵書社，2008年）。

9　〔南宋〕吳自在《夢梁錄》中這樣描述慈幼局：「官給錢典雇乳婦，（將棄嬰）養在局中；如陋巷貧窮之家，或男女幼而失母，或無力撫養，拋棄于街坊，官收歸局養之，月給錢米絹布，使其飽暖，養育成人。」

10　《宋史》〈刑法志二〉，卷200：〔南宋〕紹興十三年（1143年），朝廷規定：「禁囚無供飯者，臨安（南宋首都）日支錢二十文，外路（物價水平比京城低的外省份）十五文。」作為參照，日本高僧成尋（1011-1081年）在其入宋旅行日記《參天台五臺山記》中記載：一〇七二年，成尋一行八人，在浙江剡縣的農家、新昌縣的旅館、台州的國清寺莊住宿時，都是每晚五十文，人均不過六文多。可見宋廷監獄免費提供的伙食標準相當高。

11　《宋史》〈食貨上〉「振恤」：「崇寧初，蔡京當國，置居養院、安濟坊。給常平米，

　　是什麼力量使中國宋代的精神文明和物質文明水平，都達到了當時人類世界的巔峰呢？答案同樣是「交換的普遍實現」。如同唯思史觀指出的那樣，社會的進步與繁榮，只能依靠思想及物質產品兩個市場的正常運行：「凡是兩個市場都能正常運行的社會，必定是日益繁榮的社會；兩個市場都無法正常運行的社會，必定是走向衰敗的社會。」[12]宋代無疑是秦始皇建立中央專制政體後，中國歷史上兩個市場最為發達的社會。限於篇幅，本文不就宋太祖趙匡胤留下的「不得殺士大夫及上書言事人」護身符是如何激發了宋代知識分子「先天下之憂而憂，後天下之樂而樂」的主人翁意識、激活了思想市場、引發了思想上的革命的過程作過多描述，只簡要敘述推動宋朝成為「當時世界上首屈一指的國家」（《劍橋插圖中國史》語）的另一股力量——物質產品市場的發達。

　　宋朝是中國君主專制歷史上前無古人後無來者的高度重視發展商業的王朝。宋代沒有通過土地授收制度將農民束縛在土地上，而是承認完整的土地私有產權，允許土地自由買賣，是謂「田制不立」；沒有對土地買賣的數量限制，是謂「不抑兼併」。其結果是，擺脫了人身枷鎖的農民大量流入城鎮、創業謀生，有力地推動了城鄉經濟的發展。到宋真宗時期，已經是「百姓康樂，戶口蕃庶，田野日辟」。[13]宋

厚至數倍。差官卒充使令，置火頭（廚師）、具飲膳，給以衲衣絮被。州縣奉行過當。」

12 拙作：〈經濟學研究需要理論創新——基於唯思史觀的思考〉，《北京社會科學》2015年第11期。

13 長期以來，很多人都贊同董仲舒提出來的一個論點：如果不對土地自由買賣加以限制，結果將會是「富者連田阡陌，貧者無立錐之地」。然而，古今中外的史實，都不支持這一錯誤論斷（參看秦暉〈中國經濟史上的怪圈：「抑兼併」與「不抑兼併」〉、〈關於傳統租佃制若干問題的商榷〉、〈十字路口的中國土地制度改革〉）。道理很簡單：根據「規模不經濟」原理，當生產規模擴大到一定程度（邊界）時，生產組織內部會因為管理成本的上升及管理上的紊亂，邊際效益開始下降，甚至成為

代城市管理採用街市制度，從而打破了傳統的限制商業發展的坊市制度，消除了政府對民間商業活動的時、空限制。[14]宋廷最大限度擯棄了中國歷史上商鞅變法以來形成的抑商賤商傳統，通過制訂詳細的商業法規規範民間商業行為，為市場交換提供一個好的秩序平臺[15]，促成了一系列增加商業信用的創新，如便錢（類似今天的銀行匯票）、現錢公據（類似今天的現金支票）、茶引、鹽引、香藥引、礬引（類似於有價證券）、交子與會子（類似今天的信用貨幣）等等，極大方便了大宗及跨區域的市場交易。宋廷還從政治上提高商人地位，對傳統的嚴格禁止工商業者參加科舉考試的法律制度進行了改革。[16]

宋代為政者還非常重視海外貿易。北宋神宗認為：「東南利國之大，舶商亦居其一焉。若錢（吳越國王錢氏）、劉（南漢國王劉氏）竊據浙、廣，內足自富、外足抗中國者，亦由籠海商得法也！」[17]南宋高宗趙構強調：「市舶之利最厚。若措置合宜，所得動以百萬計，

負值（即生產越多虧損越大）。尤其是農業，生產者不能像工業生產者那樣通過生產線組織生產、各管一段，而是必須參與全部生產過程（即照看農產品的整個生命週期）。農業生產的特殊性制約了其生產組織規模的擴大（所以今天世界上所有農業發達的國家，基本上都是以家庭為生產單位）。至於為什麼中國歷史上多次出現兼併，其原因正如秦暉先生所指出的那樣：那些兼併者不是通過市場、而是利用權力進行兼併的。所以，他們不用考慮成本、效益。

14 〔南宋〕吳自牧《夢粱錄》記述，宋代的「市」遍布各處、營業不分晝夜：「自大街至諸小巷。大小鋪席連門俱是，即無空虛之屋，每日凌晨，兩街巷門上行百市。買賣熱鬧。」「都城之夜市，酒樓極繁華處也人物嘈雜，燈火照天，每至四鼓（凌晨一至三點）罷。」

15 〔南宋〕袁采：《袁氏世範》卷下：「官中條令，惟交易一事最為詳備，蓋欲以杜爭端也。」

16 〔清〕徐松：《宋會要輯稿》〈選舉〉：「工商雜類人內，有奇才異行、卓然不群者，亦許解送。」

17 黃以周著，顧吉長點校：《續資治通鑑長編拾補》（北京市：中華書局，2004年），卷5，頁239。

豈不勝取之於民！朕所以留意於此，庶幾可以少寬民力爾。」[18]因此，宋廷重商，鼓勵海外貿易：唐代對遠洋貿易僅開廣州一埠，北宋時增開杭州、明州（寧波）、泉州、板橋（青島）、華亭（上海）等九個港口；南宋時為了增加海外貿易，又在海南島新建一個神應港（海口）。南宋政府不僅修海港、建倉庫、在沿海置燈塔，還在近海島嶼設立水師寨，為商船保駕護航。

　　商業的蓬勃發展，有力地促進了生產，為社會創造了巨大財富，也為政府提供了滾滾財源。中國較早進入農業文明，歷史上絕大多數王朝，其財政收入主要依靠對農業及農民的汲取（即所謂「實物地租」、「勞役地租」）。南北朝時期這一狀況發生了變化，南朝當權者開始重視來自商業的財稅收入。陳寅恪指出：南朝「其國用注重于關市之稅，北朝雖晚期亦徵關市之稅，然與南朝此稅之地位其輕重頗有不同。然則南朝國民經濟國家財政較北朝為進步，抑又可知也」[19]。這一「進步」在宋朝越加明顯。北宋治平二年（1065年），宋政府貨幣性歲入的比重超過了百分之五十。南宋紹興末年（1162年），僅廣州，泉州，兩浙三個市舶司關稅收入即達兩百萬貫。宋廷對進口商品徵收百分之七至百分之十的關稅，即是說每年僅從上面三個市舶司進口的納稅貨物即達兩千至三千萬貫，年均進出口額當在一億貫以上。南宋淳熙至紹熙年間，來自非農業稅的財政收入接近百分之八十五，農業稅變得微不足道，這在中國歷史上是絕無僅有的。[20]

　　反觀與宋朝同時代的北方相對落後的政權及部族，如吐蕃、党項、

---

18 〔清〕徐松：《宋會要輯稿》（北京市：中華書局，1957年），〈職官四四之二〇〉，頁73。

19 陳寅恪：〈七、財政〉，《隋唐制度淵源略論稿》（北京市：三聯書店，2004年），頁144。

20 參閱吳鈎：《宋：現代的拂曉時辰》（桂林市：廣西師範大學出版社，2015年），自序。

回鶻、唃廝囉、韃靼，以及部分契丹人，因為還沒有確立一整套制度文明來約束社會、保障交換，沒有改變搶劫往來商人的惡習，甚至認為搶劫是一種榮耀的行為，[21]所以社會發展一直處於相對落後水平。

人類進入農業社會以後，在很長一段歷史時期，由於封建專制制度阻礙了思想及物質產品的正常交換，社會發展幾乎陷於停滯。十八世紀歐洲的工業革命，實際上是此前隨著十字軍東征、自由城市的興起而產生的商業革命（即打破封建專制制度下教皇、國王、領主們對自由交流、交換的重重阻礙後產生的商工業的巨大發展）的結果。[22]因此，最早成為強國的近代國家全都推行重商主義絕非偶然（實際上今天本質上也是如此）——因為它們都意識到了交換的重要性並且強力維護它。十九世紀英國著名政治家、曾任外貿大臣的約瑟夫·張伯倫直言：「帝國……就是貿易。帝國是由對外貿易創建的，它是建立在貿易的基礎之上的，沒有對外貿易一天也不能存在。」[23]曾經微服化名、長期考察過西方先進國家的俄羅斯彼得大帝深深懂得：「商業是人類命運的最高掌握者。」[24]為了發展商業，他下令從稅收、貸款、勞動力等方面為商工業活動提供極為優惠的條件，保護企業家利益，鼓勵商人向各國推銷俄國產品，甚至為此不惜一再發動戰爭、開拓貿易出海口。彼得大帝「用野蠻制服了俄國的野蠻」（馬克思語），終於「讓俄羅斯騰空而起」（普希金語）、迅速躋身世界強國。

由此可見，人類的交換行為，促進了財富的生產、拓展了財富的獲得。可以說，交換是社會財富增量和增速的發動機和推進器——交

---

21 楊蕤：《回鶻時代》（北京市：中國社會科學出版社，2015年），頁257-261。

22 對這段歷史的詳細分析，請參閱張躍：〈城民、市民、市民社會與市民主義經濟〉，《生產力研究》2006年第4期。

23 姚曾蔭：《國際貿易概論》（北京市：人民出版社，1987年），頁30-31。

24 〔俄〕B.B.馬夫羅金：《彼得大帝傳》（北京市：中國社會科學出版社，1995年），頁152。

換越發達，社會財富的增量越大、增速越快。從慣於掠奪進步到善於
交換，交換不僅是人類擺脫野蠻狀態、進入文明社會最為顯著的標誌
之一，也是社會能否繁榮進步的關鍵之所在。交換是人類獨創的文明
社會的行為規則，它從根本上區別於動物界倚強凌弱、弱肉強食，通
過暴力（包括直接的暴力及間接的暴力、軟暴力）進行掠奪的行為規
則，使人類逐步擺脫野蠻、邁向文明。

二　交換促進了生產及科技、管理水平的提高

　　現代考古學證實：「貿易要早於農業或其他正常的生產活動」，
「如果既無商業，又無陸地或海上的交通自由，除了滿足自己的生活
之需外不再耕作更多的土地，那麼他們絕無可能超越遊牧生活的水
平」。[25]這與唯思史觀「不是生產促進了交換，而是交換促進了生產」
的觀點完全一致。進而言之，交換市場的正常運行，有賴於人們對私
有產權的承認、對交換行為重要性的肯定，以及對交換市場的精心維
護。中國一九七八年改革開放前後經濟發展狀況的對比，很好地證明
了這一點。

　　一九四九年中華人民共和國成立後，由於黨的最高領導人思想發
生了很大變化，政府迅速拋棄了公有制與私有制並存發展經濟的新民
主主義經濟政策，通過「對工商業的社會主義改造」和「農業合作化
運動」，將生產資料收歸公有，逐步縮小市場、限制交換，實行計畫
經濟，連小商販都被當成「資本主義尾巴」，必欲除之而後快。其結
果，是百業蕭條、經濟發展緩慢，與市場經濟國家的差距也越來越
大。以農業為例：根據《中國農業經濟概要》提供的數據：一九七八

25　〔英〕哈耶克：《致命的自負》（北京市：中國社會科學出版社，2000年），頁40、頁
　　49。

年，每個農業勞動力可以供養的人數，與中國的三點二六人相比，美國是五十五點六人，西德是四十六點八人，法國是二十四點六人，日本是十五點六人，匈牙利是十一點六人，巴西是八人；一九七七年，世界平均每個農業勞動力能夠供養六人，中國遠低於這一平均水平。

　　計畫經濟之所以失敗，根本原因在於束縛了人類社會賴以進步的基本手段——自由交換。因此，計畫經濟越徹底，對社會的傷害越大。人類社會進入二十世紀後，計畫經濟思想曾經風靡全球；然而，將這一思想付諸實踐的國家，卻全都失敗了——包括那些至今仍被很多人誤認為曾經取得過計畫經濟「成功」的國家。譬如，很多人以為「羅斯福新政」挽救了美國經濟危機，而實際上，羅斯福的新政非但沒能挽救危機、反倒加重了危機——是第二次世界大戰中反法西斯陣營對軍需及民用物資的巨大需求，把美國從經濟危機（產能過剩）中徹底解救出來。[26]再譬如，很多人認為，作為「人類歷史上第一次按照預先編制的詳細計畫建設的開端」，蘇聯第一個五年計畫是成功的。然而實際上，蘇聯第一個五年計畫能夠成功，鮮為人知的原因，是一次偶然——西方經濟危機。蘇聯第一個五年計畫是一九二八至一九三二年，西方經濟危機是一九二九至一九三三年，即是說，處於工業化起步階段的蘇聯剛開始進行大規模經濟建設，西方國家經濟危機就接踵而至了。於是，由於「產能過剩」而「閒置」下來的西方國家的資金、技術、設備、技術專家，開始爭先恐後地湧入「需求旺盛」的前蘇聯。譬如，在經濟危機之前，蘇聯被排除和孤立，很難獲得西方國家支持的貸款（只能得到少量利息高達百分之十五至二十的短期公司貸款）。經濟危機發生後，西方國家開始競相向蘇聯提供貸款，而且條件越來越優惠，最後竟能得到西方國家政府提供的利息低至百

---

26 對這段歷史的詳細分析，請查閱羅斯巴德《美國大蕭條》（上海市：上海人民出版社，2009年）。

分之五點五的優惠貸款。在輸出巨額貸款的同時，西方國家還向蘇聯輸出大量「過剩」的技術、設備和專家。僅一九二九年十月，蘇聯政府就與西方先進國家達成了七十多項技術諮詢、技術援助協議。可以說，二十世紀三〇年代蘇聯的所有大型骨幹企業用的都是西方先進技術。一九四四年六月，斯大林告訴美國人：蘇聯大約三分之二的現代化大型企業都是在美國的幫助或技術援助下建造的，剩下的三分之一也是從德國、法國、英國、意大利、瑞典、捷克、丹麥，芬蘭、日本等先進國家引進的。蘇聯人曾不無得意地宣稱：「美國的商業和科學，與布爾什維克的智慧（筆者認為把「智慧」改為「運氣」更符合事實）相結合，在三、四年內已經產生了巨大效果！」[27]

蘇聯通過「國有化」沒收境內企業家（包括外國企業家）的財產、通過「集體農莊」制度沒收農民的剩餘，然後把這筆不可持續的巨大資金、連同國外貸款一道，投入官僚機構制訂的經濟計畫中，這種高投入（一九二八至一九三七年，蘇聯的投資率達到百分之二十至二十五，幾乎相當於美國的一倍，是當時世界上最高的）在短期內必定會帶來顯著的「經濟增長」（其中包括很多無法通過市場交換真正實現其價值的產出──「垃圾 GDP」）。然而，這種高投入、低效率的粗放式經濟發展模式，是註定無法持久的。

遺憾的是，當時的中國領導人與同時代的多數人一樣沒能認清這一點，以為通過生產資料的公有制、人身管理上的戶籍制度、人事檔案制度，以及升學、就業上的歧視性政策，最大限度限制物資及人員流動、消滅市場交換，就能保障計畫經濟的成功、使中國走向富強，結果走了很長一段彎路。哈佛大學中國經濟問題專家帕金斯教授估計，一九五三至一九七六年間，中國經濟以年均四點四的速度增長，

---

27 〔美〕A.C. 薩頓：《西方技術與蘇聯經濟的發展（1930-1945）》（北京市：中國社會科學出版社，1980年），頁1-2。

其中勞動力對經濟增長的貢獻度為一點八，資本為二點〇，生產率增長僅為〇點六。[28]也就是說，中國改革開放前的經濟增長，主要是依靠資本和勞動力的投入，而不是市場競爭中的創新帶來的勞動生產率的提高。問題的嚴重性，不僅在於與其他市場經濟國家相比經濟效益極其低下，更在於這種低效益呈現出持續下降的趨勢：改革開放前的最後一個五年計畫，即第五個五年計畫（1976-1980年）期間，生產一噸鋼需要的投資，接近第三個五年計畫（1966-1970年）時的兩倍；生產一度電需要的投資，則高達第三個五年計畫時的三倍。[29]

鄧小平執政後，先是通過胡耀邦組織和發動的思想解放運動，從思想上撥亂反正，徹底擺脫了「兩個凡是」對改革創新的束縛，然後通過支持、肯定趙紫陽、萬里等改革先鋒在四川、安徽領導的後來被稱為「家庭聯產承包責任制」的農村經濟體制改革，以及以「擴大企業自主權」為主旨的城市工業體制改革，衝破計畫經濟思想的束縛，使中國經濟一步步走上了市場經濟的正常軌道。

變計畫經濟為市場經濟、允許自由交換，形象地講，就是打開創造財富的水龍頭。以農業生產為例：自一九七九年開始各地農村陸續推行「家庭聯產承包責任制」在一定程度上突破了計畫經濟的舊體制後，農民的生產積極性大大提高，中國農業開始復甦——從一九七九年到一九八四年，連續六年豐收；過去糧食供應緊張，一九八四年竟然出現了「糧食過剩」。[30]

鄉鎮企業也是計畫經濟走向市場經濟過程中，中國農民的一個創

---

28 D・H・帕金斯：《走向21世紀：中國經濟的現狀、問題和前景》（南京市：江蘇人民出版社，1995年），頁185。

29 〔美〕R.麥克法跨爾、〔美〕費正清編、俞金堯譯：《劍橋中華人民共和國史（1966-1982）》（北京市：中國社會科學出版社，1992年），頁516。

30 盧峰：〈三次糧食過剩（1984-1998）——我國糧食流通政策演變的備擇解釋〉，《經濟工作者學習資料》1999年第60期。

舉。鄉鎮企業前身是農村手工業生產合作社（組）和農業生產合作社
的工、副業隊。受制於計畫經濟體制下長期實行的城鄉分割的戶籍和
就業制度，農村勞動力流動受到嚴格限制，這些社（人民公社，即現
在的鎮）、隊（生產大隊，即現在的村）企業僅被允許在當地從事農
村手工業和農產品初加工，發展舉步維艱。一九七九年七月三日，國
務院發佈〈關於發展社隊企業的若干規定〉（試行草案）。這是政府用
法規形式頒發的第一個關於社隊企業的指導性文件。該草案從經營範
圍、資金來源、產品銷路、價格政策、勞動制度等多個方面，對社隊
企業作出了非常詳細的規定。特別是在「經營範圍」部分，首次允許
「根據對外貿易的需要，逐步建立出口商品基地。有條件的可以開展
補償貿易」。政策上的鬆綁，促進了鄉鎮企業大發展。一九八七年，
鄉鎮企業產值比重超過了農業產值；一九九九年，全國鄉鎮企業從業
人數為一點二三億人，相當於同期農業勞動力的百分之二十七以及七
〇年代末以來農村新增勞動力的百分之五十五，成為農民就業的重要
渠道；鄉鎮企業產值達到二點五萬億元，占同年農村社會總產值的百
分之五十五、全國國內生產總值的百分之三十。[31]

　　農村經濟體制改革的主要內容是擴大農民自主權，使生產者直接
面對市場；城市經濟體制改革同樣是以擴大企業自主權、逐漸減少政
府計畫干預為主要目標。以四川為例：一九七八年，四川省委作出了
以擴大自主權為內容進行改革試點的決策；一九七八年十月，經國務
院批准，四川省選定了六家代表不同行業的地方國有企業，率先實施
「擴大企業自主權」試點。由於取得了意想不到的好成績（超額完成
了當年第四季度計畫），一九七九年一月三十一日，中共四川省委發
出《關於地方工業擴大企業權力，加快生產建設步伐的試點意見》，

---

31 劉國光等：《社會主義市場經濟概論》（北京市：人民出版社，2002年），頁126。

試點的工業企業由六家擴大到一百家，改革範圍也由工業企業擴大到商業企業──在四十家國營商業企業中進行經營管理自主權的試點。擴大企業自主權、使生產面向市場的改革措施，有力地促進了企業生產，取得了顯著經濟效益──一九七九年底，四川省八十四家試點工業企業比上一年總產值增長百分之十四點七，利潤增長百分之三十三。[32]

　　四川的成功經驗，加快了中國國有企業改革的步伐，使企業迸發出更大活力。二○○一年中國加入世貿組織後，部分掙脫了計畫經濟枷鎖、快步走向市場的國有企業，與改革開放後在市場博弈中茁壯成長起來的民營企業攜手進入世界舞臺，終於使中國成為「世界工廠」。國家統計局的統計數據表明：一九七九至二○一二年，中國國內生產總值年均增長百分之九點八，而世界經濟的年均增速只有百分之二點八。一九七八年，中國經濟總量居世界第十位；打開國門、加入WTO、融入全球商品交換大潮後，二○○八年便超過德國，居世界第三位，二○一○年超過日本，居世界第二位，成為僅次於美國的世界第二大經濟體。[33]

　　唯思史觀指出：「人類思想結晶產生的先後順序及其影響人類社會的重要性程度，一般依三個層次展開：思想、文化、道德、觀念等為第一層次，最為重要；法律、制度、政策等次之；科技發明、管理方法等又次之，而包括經濟發展在內的社會各方面的發展及財富的增加，不過是上述三個層次的思想成果依次作用的結果而已。」[34]上面

---

32 章迪誠：「國企改革三十年：擴大企業自主權試點」，中國工業新聞網，2009年9月2日。

33 中央人民政府網站：〈統計局：1978年以來我國經濟社會發展的巨大變化〉，網址：http://www.360doc.com/content/15/0426/08/10203604_466052770.shtml。

34 拙作：〈經濟學研究需要理論創新──基於唯思史觀的思考〉，《北京社會科學》2015年第11期。

回顧的中國改革開放歷程，印證了這個排序的正確性：先是思想解放
運動，然後是農村經濟體制改革及城市體制性工業改革等制度變革，
然後是工農業生產技術及管理水平的大幅提高，最終結果是社會經濟
的迅速發展。

　　亞當‧斯密在《國富論》中強調勞動分工對提高勞動生產率和增
進國民財富的巨大作用；鄧小平認為「科技是第一生產力」。然而，
根據上述唯思史觀，無論是管理水平的提高（即社會生產過程中分工
與合作的加深）還是科技的進步，其對社會經濟發展所起到的推動作
用都不宜高估（按照唯恩主義觀點排序僅為第三）──古埃及人修建
金字塔時，已經展示了非常高的勞動分工水平，但其後來的發展，卻
是每況愈下；中國宋代文化及制度文明獨步全球，不僅發明了火藥、
指南針，普及了印刷術，還有很多世界一流的科技發明，如被譽為
「中國古代第五大發明」、「世界石油鑽井之父」的卓筒井，以及聯合
收割機的雛形──將麥釤、麥綽、麥籠等收麥工具高效配套起來製作
而成的快速收麥器（相傳一人一天能收麥十多畝）等等。然而到了明
清，由於思想觀念趨於保守、制度更加專制，經濟活力下降，不僅科
技退步，很多已經使用了幾百年的科技成果竟然也失傳了。[35]

　　那麼，對社會經濟發展起決定性作用的因素究竟是什麼呢？唯思
史觀指出：「交換市場的發達，對更多產品的需求，呼喚生產效率的
提高，促進了社會分工和科技進步。」[36]即是說，如果沒有排序更高
的因素──思想、文化、觀念、制度、政策等對自由交換即市場經濟
的支持與維護，作為社會生產管理水平提高結果的社會分工及科技水

---

35 元中期王禎編寫出版的《農書》中選載有大量農器圖譜；到後來，很多先進農器連
　　同《農書》一道，全都失傳了。

36 拙作：〈經濟學研究需要理論創新──基於唯思史觀的思考〉，《北京社會科學》
　　2015年第11期。

平提高結果的新技術的出現，都不足以保證市場經濟的正常運行、不能保證社會生產力的持續提高、更不能保證社會經濟的可持續發展。正如米塞斯在《自由與繁榮的國度》中所強調的那樣：「資本主義生產方式創造的生產力是資本主義思維方式的結果，也是資本主義經濟的成果。……事實上是資本主義創造了技術，而不是技術創造了資本主義。」[37]只有用市場經濟思維維護市場經濟的正常運行，保證人們在市場經濟制度環境下自由交換，才能夠促進社會生產、增加社會財富，進而促進科技及管理水平的提高，使社會可持續發展成為可能。

三　交換促進了人類和平

法國思想家孟德斯鳩在《論法的精神》中說：「商業的自然結果是帶來和平。」人們往往是在付出極大代價後，才能明白這個看似簡單的道理。以中國明朝「隆慶新政」為例：

開啟「隆萬中興」的隆慶皇帝朱載坖，貪財好色，工作也不積極，坐朝時常「臨朝淵默」、「未嘗發言」，顯得有些呆頭呆腦，不像有雄才大略的君王。然而，朱載坖雖然有很多小毛病，卻宅心仁厚，能知人善用，而且用人不疑，還能容忍大臣較為刻薄的批評。他登基時昭告天下，要「通便合宜，大弘新化」，即決心以新制度、新政策、新方法，順應時代和社會的發展。在這種開放性思維指導下，通過「隆慶開關（又稱隆慶開海）」、「隆慶和議」，明廷一舉解決了長期困擾明王朝的兩大難題──「南倭、北虜」之患。

「南倭」問題在「隆慶開關」前一直得不到解決，主要原因是明初錯誤的「海禁」政策。明太祖朱元璋出身微寒、性格偏執，後來沐

---

37 〔奧〕路德維希‧馮‧米塞斯：《自由與繁榮的國度》（北京市：中國社會科學出版社，1995年），頁119。

猴而冠、當了皇帝，但始終無法擺脫內心深深的自卑和狹隘的小農視野——小農視野使他無法認識到商業活動對於推動生產及社會發展的巨大作用；自卑心理使他對於自己無法了解、掌握的世界（譬如海洋）懷有深深的恐懼。因此，上臺伊始，朱元璋就不斷發文、詔令海禁[38]並且強制執行。[39]然而，中國浙江、福建、廣東沿海一帶，山多

---

38 明初，「明祖定制，片板不許入海」（《明史》〈朱紈傳〉）。洪武三年（1370年），明政府「罷（江蘇）太倉黃渡市舶司」，壓縮政府對外貿易空間（《明太祖實錄》，卷49）。洪武四年（1371年），朱元璋發佈敕諭：「朕以海道可通外邦，故嘗禁其往來⋯⋯苟不禁戒，則人有惑利而陷於刑憲矣」，故「禁瀕海民不得私出海」（《明太祖實錄》，卷70）。洪武七年（1374年），明政府下令撤銷唐朝開始設立的負責海外貿易的福建泉州、浙江明州（寧波）、廣東廣州三市舶司。自此，政府對外貿易全部斷絕。洪武十四年（1381年），朱元璋「以倭寇仍不稍斂足跡，又下令禁瀕海民私通海外諸國」（《明太祖實錄》，卷139）。自此，連與中國友好的東南亞各國也不能來華進行民間貿易和文化交流了。洪武十七年（1384年）二月，命湯和巡視浙江、福建沿海諸城，「禁民入海捕魚」（《明太祖實錄》，卷159）。洪武二十三年（1390年），朱元璋再次以「中國金銀、銅錢、緞匹、兵器等物，自前代以來不許出番；今兩廣、浙江、福建愚民無知，往往交通外番私貿貨物」為由，「詔戶部「嚴交通外番之禁」（《明太祖實錄》，卷205）。洪武二十七年（1394年），朱元璋又下令：「敢有私下諸番互市者，必置之重法。凡番香番貨，皆不許販鬻。其見有者，限以三月銷盡。」（《明太祖實錄》，卷231）洪武三十年（1397年），朱元璋再次「禁申人民，無得擅出海與外國互市」（《明太祖實錄》，卷252）。

39 朱元璋主持制定的《大明律》規定：「若奸豪勢要及軍民人等，擅造三桅以上違式大船，將帶違禁貨物下海，前往番國買賣，潛通海賊，同謀結聚，及為嚮導劫掠良民者，正犯比照已行律處斬，仍梟首示眾，全家發邊衛充軍。其打造前項海船，賣與夷人圖利者，比照將應禁軍器下海者，因而走泄軍情律，為首者處斬，為從者發邊充軍。」為確保海禁政策的貫徹實行，朱元璋還強制實行移民政策。洪武二十年，逼迫浙江舟山島城區和鎮外兩里以外的居民和其他四十六座山（島）的居民徙遷內陸。規定遷移以三日為期，島上居民一時難以在規定時限內籌集到那麼多船隻，只好「編門戶、床簀為筏」（《閩書》〈方域志〉），淹死者無數。
一個多世紀後的嘉靖二十九年（1550年）頒行的《問刑條例》仍規定：明代法律規定，擅造二桅以上大船即屬違法，「若將大船雇與下海之人，分取番貨，及雖不曾造有大船，但糾通下海之人，接置番貨；與探聽下海之人，番貨到來，私買販賣蘇木、胡椒至一千斤以上者，俱發邊境充軍，番貨並入官。」

地少、土地貧瘠，很多人歷來靠海為生。特別是大力發展海外貿易的宋代以來，當地居民一直將出海貿易視為衣食之源。海商、水手、造船、修理、生產、加工、倉儲、搬運，以及各種與海上貿易有關的服務行業，養活了眾多沿海居民。在福建，人們常說：「海者，閩人之田。」禁止漁民出海，相當於禁止農民種田；廣東潮州和福建的泉州、漳州，是海商們傳統的貿易港口，「潮、漳以番舶為利」，海禁使當地人生活陷入絕境。人們為求生存，抵制政府的海禁政策、紛紛違禁出海；民眾的反抗又招致政府的嚴酷鎮壓，直至逼民為寇、形成所謂「倭患」。[40]

「真倭」來源地日本，因為朱元璋的海禁政策而無法與中國開展正常海上貿易，只能按照明廷意旨，以「朝貢（勘合貿易）」形式維持少量國際貿易活動。[41]為爭奪這少量的「國際貿易配額」，日本各封建豪強間展開了激烈爭奪；進入戰國時代（1467-1615年），這種爭奪日趨白熱化，終於引發了嘉靖二年（1523年）的「爭貢之役」。

爭貢之役，遠因是明廷制定的與海禁政策相配套的勘合貿易制度，已經遠不能滿足中日間正常貿易需求，近因是負責安排接待的太監貪贓枉法辦事不公激起反彈。然而，當時的明廷沒能認清癥結之所

40 很多人認為：「明代倭患自洪武二年開始。當時日本處於南北朝分裂時期，在內戰中失敗的武士以及一部分浪人和商人得到西南部一些封建諸侯和大寺院主的資助，經常駕馭海盜船隻到中國沿海武裝掠奪騷擾，史稱『倭寇』。」（《搜狗百科》〈倭患〉）但實際上，明朝是西元一三六八年建立，日本南北朝時代是一三三六年開始；明朝建立時，日本南北朝處於上升時期，還沒爆發大規模內戰，更沒出現大量「內戰中失敗的武士」。所謂的「倭寇」，大都是被明廷錯誤政策「逼上梁山」的中國海商及沿海漁民（「東南諸島夷，多我逃人佐寇」（談遷：《國榷》，卷12），只有少量「真倭」。連負責督師「剿寇」的胡宗憲也承認：「其間真倭甚寡，皆閩、浙通番之徒，髡頤以從。」（《籌海圖編》，卷8，「廣東倭變記」）

41 〔清〕張廷玉、萬斯同等編：《明史》〈外國傳三〉〈日本〉：「永樂初，詔日本十年一貢，人數不超過二百，船止二艘。」

在，卻以「倭患起於市舶」為由，倒行逆施，廢除福建、浙江市舶司，對日本「閉絕貢路」，實行更加嚴厲的海禁政策。嘉靖二十七年（1548年），明廷派思想保守、剛直不阿的朱紈為浙江巡撫兼福建軍務提督，進一步加強海禁，搗毀並填平了「海上走私貿易」的最大據點——寧波雙嶼港，使這個五百年前高峰時期「菌集萬人」、「舟舶塞港」的國際自由貿易中心、中華文明與西洋文明的交匯點徹底退出了世界經濟舞臺。明廷既不允許合法貿易、也不允許「非法貿易」的做法，引發了更大災難——「倭患」變成了「倭亂」，大量失去生計的中國人，勾結渴望從海上貿易中分一杯羹的日本人、葡萄牙人，流竄中國東南沿海燒殺搶掠、大肆破壞，一時間舉國震動。[42]

明隆慶元年（1567年），即位不久的隆慶皇帝朱載坖本著「通便合宜，大弘新化」的執政理念，採納福建巡撫塗澤民的建議，在福建漳州月港設置海澄縣（寓意希望從此「海疆澄靜」、社會安寧）部分開放海禁，詔令准許福建泉州、漳州兩府的商人遠航到除日本以外的國家進行海外貿易活動；日本以外國家的商船也可以進入中國口岸貿易。史稱「隆慶開關」。

儘管隆慶開關還有一些保留，[43]特別是仍然禁止對日直接貿易。

---

42 如嘉靖三十四年（1555年）六月，一股僅有幾十人的倭寇，從浙江紹興上虞縣登岸，洗劫浙、皖、蘇三省，攻掠杭、嚴、徽、寧、太平等州、縣二十餘處，直逼南京城下。其間橫行八十餘日，「南京兵與之相對兩陣，殺二把總指揮，軍士死者八、九百」（何良俊《四友齋叢說》，卷11，史七），最終明廷調集幾千官兵，才把他們圍殲。

當時明軍戰鬥力奇弱，主要是因為朱元璋為了節省軍費，創立衛所制，搞兵民合一，軍戶平時種地，戰時出征，二百多年下來，軍戶子弟逐漸喪失戰鬥技能，已經變成純粹的農民；加上軍戶的社會地位極低，農民受欺壓還可以打官司，軍人被長官欺壓（譬如田地被長官霸占）卻無處申冤。所以士兵們怨氣沖天，兵變不斷，士氣很低。

43 對於選擇哪裡作為開禁出海口，明廷頗費了一番思量。最初確定的地點是梅嶺，但

然而，准許出海貿易的開關一旦開啟，就無法阻擋交易洪水的噴薄而出——官府難以禁止月港的中外船舶私自往來日本、更無法阻止海商們在福建—呂宋（今菲律賓，當時西班牙人向中國輸出白銀的據點）—日本之間開展轉口貿易、實現通商。

隆慶開關後，明王朝與包括日本在內的海外各國、各地區間旺盛的貿易需求得到很大程度的滿足，近二百年「海禁」與「反海禁」的鬥爭遂告結束，所謂的「倭患」也不藥而癒。

我們接著分析「隆慶和議」。唯思史觀指出：「人類歷史上，遊牧社會的發展之所以總是遠遠落後於農業社會，是因為在地廣人稀的大草原上，人類獨有的兩個市場——物質產品市場和思想產品市場都不如農業社會發達。」[44]物質及文化產品都比農耕民族更加匱乏的遊牧民族，對這些財富的渴望自然更加強烈。中國歷史上，自從秦始皇完成大一統、使中原農耕民族共同體的綜合實力大大下降[45]後，來自相

後來改成了月港。因為雖然廣東南澳及福建詔安梅嶺一帶的海港更適合商人出海活動，但是它不符合明廷「寓收于放」的指導思想（即「開關」不是因為真正懂得了貿易對於經濟發展的促進作用，而是因為「海禁」執行成本太大、為了「維穩」不得不如此）。《東西洋考》載：月港自身條件並不好——屬於內河港（其出海口在廈門），港道不深，大型船舶不能靠岸，「必用數小舟弋之，舶乃得行」。但是，月港作為開放海禁之地，月港便於官府設卡盤驗和管理，其期達到「有漢之威遠而師餉不內耗，有唐宋之通貨而情況不外泄」的目的。

44 拙作：〈經濟學研究需要理論創新——基於唯思史觀的思考〉，《北京社會科學》2015年第11期。

45 唯思史觀指出：「凡是（思想及物質產品）兩個市場都能正常運行的社會，必定是日益繁榮的社會；兩個市場都無法正常運行的社會，必定是走向衰敗的社會。……而一個市場發達、另一個市場萎縮的社會，其社會發展水平當介於兩者之間。」春秋戰國時期，中原各國恰好是處於「兩個市場都能正常運行的社會」，因此充滿了活力——儘管各國間互相攻伐，戰爭規模越來越大，經常會出現幾萬甚至幾十萬的人員傷亡，物質財富的損失更是無法計算，然而，因為思想及物質產品兩個市場都能正常運行，所以春秋戰國是中國歷史上社會發展最為迅速、最為輝煌的時期。秦始皇大一統之後，中國成為一個市場（物質產品市場）勉強運行、另一個市場（思

對強大起來的北方遊牧民族的侵襲就開始常態化。然而，掠奪者逐漸發現：依靠戰爭掠奪財富，並不是最有效的生財之道。因為打勝仗要付出成本、打敗仗要付出更大代價；無論勝敗，對方都會因此減少財富的生產和供應。因此，只有互通有無的商業活動，才能達到使雙方都獲得最大收益的雙贏。

到了明代，首先開竅的是北方遊牧民族首領俺答汗。嘉靖十三年（1534年），「四月，俺答挾眾欲入貢」。[46]嘉靖二十年，俺答汗派使臣石天爵、肯切兩人至大同，要求通貢並保證今後「令邊民墾田塞中，夷眾牧馬塞外，永不相犯」，表現出通商和平的誠意。然而昏庸的嘉靖皇帝朱厚熜不僅拒絕了俺答汗的請求，還扣留了來使肯切，並懸賞千金求索俺答首級。此後十幾年時間裡，俺答汗又數十次向明廷提出互市請求，均遭明廷拒絕。俺答汗和平通商的美好願望難以實現，於是率兵大舉攻掠明邊諸郡，企圖以此逼迫明廷作出讓步，以達到通貢互市的目的。嘉靖二十九年（1550年）終於引發了震驚朝野的「庚戌之變」——俺答汗率十萬大軍兵臨京郊、縱情劫掠；明朝軍隊坐困圍城、不敢應戰。不過，俺答汗在圍困京城時，仍然堅持和平通貢互市的初衷，遣所俘明將向明廷提出通貢互市的要求。嘉靖三十年（1551年）春，雙方達成協議，明廷在大同、延綏、寧夏等地開放互市。但

想產品市場）極度萎縮的社會，逐漸失去活力，綜合實力隨之大大下降——軟實力方面，春秋戰國時期，中國思想界百花齊放、產生了諸子百家；大一統之後兩千多年時間裡，再也沒能產生出能夠與儒、墨、道、法等對後世產生深遠影響的思想相媲美的新思想。硬實力方面，以最能直觀體現硬實力的軍事力量為例：春秋戰國時期，任何一個北方華夏文明國家（燕、趙、代、齊、秦等）都能輕鬆擊退北方遊牧民族的侵襲；大一統之後，代秦而興的漢高祖劉邦傾全國之力，都無法戰勝以前任何一個「軍分區」（諸侯國）都能輕鬆搞定的對手，只能以非常屈辱的方式（送給對方女人、幣帛等）簽城下之盟（白登之圍）。可見大一統之後中原農耕民族共同體綜合實力下降之劇烈。

46 〔明〕瞿九思撰：〈俺答列傳上〉，《曆武功錄》（北京市：中華書局，1962年）。

是不久，並無誠意的明廷背信棄義，又關閉了邊境互市，邊境上一度繁榮起來的和平貿易被斷絕，雙方又開始了長達二十餘年的戰爭。

明廷對北鄰的「絕貢」政策，不僅給對方的生產和生活帶來了極大困難，自己也深受其害——作為生產力發展水平遠遠高於遊牧民族的農耕民族，明王朝本可以通過向遊牧的蒙古人出口紡織品、瓷器、茶葉、藥材、鐵質炊具、農牧業生產工具等高附加值產品，換取對方牲畜、皮毛等原材料及其他低附加值產品，獲取巨大經濟利益。「絕貢」的結果，不僅失去了貿易帶來的巨大財富、影響了生產，還因為由此引發的戰爭，失去了大量人力資源和其他物質財富。

隆慶五年（1571年），繼通過「隆慶開關」開放海上貿易解決了「南倭」問題後，新皇帝領導下的明廷抓住了一個千載難逢的機會，通過推動俺答家庭內部糾紛「三娘子事件」的妥善解決，使明蒙雙方化干戈為玉帛，達成「隆慶和議」，結束了北部邊疆長達二百年的敵對戰爭狀態。明廷冊封俺答汗為順義王，冊封其下各部首領以相應的官職，並且允許通貢互市，史稱「俺答封貢」。此後近百年，雙方再未發生大規模的戰爭：「自是邊境休息，東起延、永，西抵嘉峪七鎮，數千里軍民樂業，不用兵革，歲費省什七。」[47]和平不僅節省了巨額軍費，更重要的，是避免了戰爭給雙方帶來的巨大生命財產損失，以及和平環境對生產的促進、正常貿易往來給雙方的巨大利益等等。清末魏源在《聖武記》中高度評價隆慶和議：「不獨明（朝）塞息五十年之烽燧，且開本朝（清朝）二百年之太平。」

「隆慶開關」與「隆慶和議」，給明王朝帶來了巨大和平紅利——中國終於融入歐洲人航海大發現後日益高漲的全球貿易大潮，商品經濟與社會文化開始進入繁榮發展時期。明王朝通過海外貿易獲

---

47 〔清〕張廷玉、萬斯同等編：《明史》（北京市：中華書局，1974年），〈卷二百二十二〉〈列傳第一百十〉〈王崇古〉。

取的利益之大,從明中後期白銀的大量流入可見一斑:

中國本是貧銀國。據全漢昇《明代的銀課與銀產額》研究,明朝一三九〇至一五二〇年的一百三十年間,銀課[48]總額共為一千一百三十九萬五千七百七十五兩。這期間有銀課紀錄的年數為一百一十三年,由此可知,洪武二十三年(1390年)以後的百餘年裡,政府每年銀課收入,平均只有十萬兩左右。白銀匱乏、銅錢價值低(所謂「錢賤不便大用」,不利於大宗商品交易),加上作為信用貨幣的大明寶鈔的大幅貶值,嚴重制約了社會商品經濟的發展。隆慶開關後,由於當時中國的絲織品、瓷器、茶葉、鐵器等商品非常受海外歡迎,東瀛及西方各國大量購買,它們輸往中國的,則主要是白銀。[49]王學泰在《說「外匯崇拜」》中寫道:「元明以前的中國,白銀除了國內開採外,大多來源於於日本的貿易。……元代以後,明清兩代國內的白銀年產量長期徘徊在一、二十萬兩之間。……《白銀資本》的作者弗蘭克認為,十九世紀前二百多年中,世界白銀流入中國大約有六萬多噸,占這個時期世界白銀總產量的一半以上。這六萬噸白銀近二十億兩;據中國金融史家估計,自唐代以來至明代,國內固有白銀共五億兩左右,這二十五億兩白銀支撐著晚明非常活躍的市場經濟。」[50]

---

48 明代政府對開採銀礦徵收的稅銀,稱為銀課。據全漢昇《明代的銀課與銀產額》載,銀礦的開採和煎煉,既有官營、也有民營。民間開採銀礦,須得官方特許,然後估計一年可能采煉到的銀子,提出一定的數額,每年繳納給政府,稱為銀課。因為即便是官辦銀礦,器具、原料(如蜜陀僧即氧化鉛)、燃料(白炭)、工錢等也多是徵自民間富戶,所以無論官辦還是商辦,銀課額一般都是年產量的百分之三十左右。

49 一位英國學者曾說:「中國皇帝能夠用從秘魯運來的銀條建一座宮殿。」(威廉·S·阿特韋爾:《國際白銀的流動與中國經濟》(1530-1650),《中國史研究動態》1988年第9期)明末清初著名學者顧炎武指出:「日本無貨,只有金銀。」(《天下郡國利病書》,卷93,「洋稅」)

50 王學泰:〈說「外匯崇拜」〉,《炎黃春秋》2015年第12期。

　　《白銀資本》對流入中國白銀數量的估計或許有些偏高,加上當時很多人囿於傳統思維熱衷於窖藏白銀,海外流入的白銀不可能全部進入流通領域。但是,大量流入的白銀貨幣,無疑極大推動了明中期以後商品經濟的蓬勃發展。譬如,在江西景德鎮,中國商人根據海外客戶要求燒製出口著名的「紋章瓷」;在福建漳、泉等地,商人們組織生產一種新的紡織品——「倭緞」,出口到北方鄰國。[51]大海商鄭芝龍曾招募一百五十名匠人,專門從事絲織品的商業生產。[52]在蘇松地區(今蘇州至上海一帶),「昔日逐末之人尚少,今去農而改業為工商者,三倍於前矣。」甚至出現了很多「士大夫(經營)工商」者。[53]據《明實錄》記載,萬曆時僅蘇州的染房工人即達數千人。

　　海外貿易帶來的大量白銀貨幣,不僅促進了社會生產、帶來了經濟繁榮及長時期的太平,還使中國歷史上著名的經濟制度改革——「一條鞭法」的實施成為可能。《明神宗實錄》載,「一條鞭法」的主要內容是:「總括一縣之賦、役,量地計丁,一概徵銀,官為分解,雇役應付。」即把一切稅賦和徭役都合計成銀兩,用銀兩支付。這是中國稅制史上的重大變革。此前明廷的稅收方式,是徵收實物及派發徭役,不僅麻煩,還給貪官污吏留下了巨大的尋租空間,百姓苦不堪言。然而,把實物地租及徭役地租全部改為貨幣地租,在信用貨幣(大明寶鈔)已經形同廢紙的情況下,需要有大量「真金白銀」才能實現。「隆慶開關」後通過海外貿易流入的天量白銀,徹底解決了這一難題。

　　上述正反兩方面例子充分證明:交換的發展,有力地促進了社會

51　宋應星《天工開物》卷二倭緞條:「凡倭緞,制起東夷,漳、泉海濱效法為之。絲質來自川蜀,商人萬里販來以易胡椒歸里。其織法亦自夷國傳來⋯⋯北虜互市者見而悅之。」

52　張愷:〈晚明中國市場與世界市場〉,《中國史研究》1998年第3期。

53　〔明〕何良俊:《四友齋叢說》(北京市:中華書局,1959年),卷13,史九。

經濟的發展，給人們帶來了實實在在的利益；它驅使人們不斷地積極拓展交換的領域和交換的空間，使不同地區、不同國家、不同社會的人們彙集到交換經濟的洪流中，有力地推進了人類社會共同利益的發展和融合，為人類社會的持久和平提供了現實的需要和可能。

四　交換增進了人類文明

交換對於人類文明的增進，主要體現在兩個方面：（一）交換增進人類道德文明；（二）交換增進人類制度文明。

（一）交換增進人類道德文明

哈耶克認為：「道德規範，尤其是我們的財產、自由和公證制度，並不是人的理性所創造，而是由文化進化賦予人類的一種獨特的第二稟性。」[54]這種「文化進化」，就是哈耶克一直強調的人類社會獨有的精神及物質產品交換過程中不斷演進的「自發擴展秩序」。人類社會中，不是所有小範圍內產生的道德規範（如寡婦殉葬、榮譽謀殺等）都是有競爭力的，它們會在人類競爭中逐漸被淘汰；只有「財產、自由和公證制度」等有利於增進人類交換行為的社會規範，才會在競爭中勝出、「擴展」其疆界。

筆者周遊世界，發現一個非常有趣的現象：越是發達國家和地區，商家越是「言無二價、童叟無欺」，消費者也越不「砍價」、甚至根本不會砍價；越是落後國家和地區，商家越是滑頭，消費者也越會為了一點小錢斤斤計較、拼命砍價。然而，為什麼由這些貌似精明的人組成的社會和國家，其社會發展水平（無論經濟還是文化方面）都遠遠落後於貌似「不夠精明」的人組成的國家和地區呢？

54　〔英〕哈耶克：《致命的自負》（北京市：中國社會科學出版社，2000年），頁56。

　　這個問題，我們可以從三毛的一篇遊記中找到答案。

　　三毛在《萬水千山走遍》書中的〈一個不按牌理出牌的地方〉一章中寫道：旅行指南書在介紹哥倫比亞時，除了對這個南美國家歷史地理、風土人情的例行介紹外，還直言不諱地說它是「強盜國家」。旅行指南警告旅行者：這是一個每天都會發生搶劫、暴行及其他危險的地方，而且不分白天黑夜、城裡城外。此前，臺灣「巴（拿馬）臺（灣）農技團」訪問哥倫比亞時，堂堂團長大人不僅在光天化日之下被搶劫，而且劫匪搶劫完後不是慌忙逃竄，而是不慌不忙、從容離去。

　　三毛與同伴來到哥倫比亞，在機場講好價格打了個出租車，到旅館後，司機硬是多索要七個美金，藉口是三毛的西班牙話講得不好，使他聽錯了價格（三毛丈夫荷西是地地道道的西班牙人）。在旅館住了兩天，第三天，旅館告示欄赫然通知要漲價，結果是三毛住的房間由每人每天四十美金漲到六十七美金。三毛問櫃檯：這是全國性的價格調整還是其他原因？回答是旅館自己定的。不得已打車離開這家任意漲價的旅館，司機為了宰客竟偷偷關了計價器，到目的地後獅子大開口。新搬的旅館更糟——上個月剛被暴徒搶劫，還打死了一位太太，案子一直沒破。一次閒逛，三毛想嘗嘗街邊小攤的「哥倫比亞肉夾饃」——夾著一根烤香腸的小麵餅。攤主要三毛先給他二十五比索，三毛要求一手交錢一手交餅，攤主說顧客拿了餅會逃走，所以一定要先交錢。於是三毛給了攤主三十比索，等著餅和找錢。沒想到攤主收好錢後便不再理會三毛，而是開始向其他人叫賣。三毛很詫異：「怎麼還不給我呢？香腸要焦了！」回答竟然是：「給什麼？你又沒有付錢呀！」這時旁邊攤販開始「拚命的笑」、「笑得發顫」。三毛方知又挨宰了！[55]

---

55 三毛：《萬水千山走遍》（北京市：北京十月文藝出版社，2009年），頁56-58。

　　實際上，哥倫比亞是個自然條件非常好的國家。綠寶石儲量居世界第一，煤炭儲量拉美第一，有豐富的石油、天然氣、鋁礬土、鈾、金、銀、鎳、鉑、鐵等礦藏，還有廣袤的森林、牧場，優良的漁場，以及聞名全球的「哥倫比亞咖啡」。加上氣候宜人，地理位置優越，人口及國土面積適中，素有「黃金國」的美譽。然而這個有著巨大發展潛力的國家，長期以來卻經濟發展緩慢、社會動盪不安。

　　如前所述：交換是人類獨有的能夠促進社會發展的行為，因為交換能夠促進生產、促進科技及管理水平的提高、促進社會經濟繁榮，使社會更加和諧開放。因此，一個國家或地區長期落後貧窮，多是因為落後的思想、文化、道德、制度、政策抑制了社會交換的正常進行。三毛的親身經歷，為我們提供了一個絕佳案例。上述三毛的遭遇中，最令人寒心的，不是個別商販的宰客行為，而是周圍看到客人被宰後「笑得發顫」的那「一群攤販」——這說明當地社會普遍缺乏誠實守信的道德意識、人們互不信任、欺騙習以為常、交換近乎搶劫，社會幾乎已經退化到沒有道德文明的叢林狀態。這樣的社會，動盪貧窮實屬必然。

　　社會的整體失德，會使社會退回到野蠻狀態；部分失德，同樣會給社會帶來整體上的傷害。以「安利退貨門事件」為例：

　　一九五九年成立的美國安利（現改名捷星）公司，是世界上最大直銷企業。一九九二年安利進軍中國市場，成立安利（中國）有限公司，一九九五年四月十日正式開業。

　　剛開始時，安利的經營模式是它最拿手的海外傳統直銷方式（安利在中國以外的九十多個國家和地區的公司，基本上都是直銷在美國生產的產品），制度設計都是以歐美為藍本的。美國安利實行「無因全款退貨」制度——只要客戶使用安利產品後感到不滿意，哪怕用完了一整瓶沐浴露只剩下空瓶子，也可以從安利拿到全額退款。這項制

度在美國施行多年，一直是安利公司的信譽和品牌象徵，幾乎沒人退貨。然而在中國，許多人把「精明」發揮到了極致——倒出部分洗碗液等安利產品留用，然後拿著半空、甚至全空的瓶子要求全額退款。起初，安利頂著巨大虧損，忠實履行退貨承諾。然而不久後更加詭異的現象發生了：一方面，產品的銷售量急劇增加，大大超出了公司的預期；另一方面，拿著空瓶要求退貨的顧客越來越多，以至於最後安利真成了「賠本賺吆喝」——每天倒貼幾十萬元！百分百信任顧客的美國安利終於吃不消了，於是針對中國市場迅速對規則作了「有中國特色」的修改：產品用完一半，只能退款一半；全部用完，一分錢也不退（參見搜狗百科「美國安利公司」詞條）。

中國人當然不是個個「精明」、都不講道德。然而，「安利退貨門事件」的結果，卻是部分消費者的失德，使全體消費者蒙受無妄之災——全都無法享受安利公司為世界其他國家和地區消費者提供的更好的服務。

不光是消費者，生產者的失德，同樣會帶來損人不利己的雙輸結果。二〇〇八年發生的「三鹿奶粉事件」即是明證。

事件的起因，是一些食用三鹿集團生產的奶粉的嬰兒被發現有腎結石，隨後在他們食用的奶粉中發現了化學原料——三聚氰胺。然而，三鹿集團不但沒有及時向消費者透露這些信息，反而聯手地方政府採取種種手段封鎖消息、給消費者造成了更大傷害。直到三鹿集團最大海外股東——新西蘭恒天然集團向本國政府報告了這一事件，新西蘭政府要求其官員繞過三鹿集團所在地方政府、直接向中國中央政府報告此事，老百姓才知道真相。三鹿事件不僅使三鹿集團破產，還給「中國製造」帶來了深深傷害——不僅隨後許多國家禁止進口中國乳製品，中國消費者也更傾向於高價購買外國奶粉。三年後，據二〇一一年中國中央電視臺《每週質量報告》調查，仍有七成中國民眾不

敢買國產奶（參見互動百科「三鹿奶粉事件」詞條）。

哈耶克說：「人類通過發展和學會遵守一些往往禁止他按本能行事的規則（先是在狹小的部落裡，然後又擴展到更大的範圍），從而不再依靠對事物的共同感受，由此建立了文明。這些規則實際上構成了另一種新道德，……它制止或限制了「自然道德」，即讓小群體聚集在一起並保證該群體內部進行合作的本能。」[56]市場經濟中強調的「道德」，是指在開放的市場經濟大社會中進行交換時不欺騙陌生人的「大德」，而不是在封閉的自然經濟小社會中不欺騙熟人的「小德」。如同唯思史觀所指出的那樣：「所謂自然經濟社會人心淳樸、商業社會使人墮落的斷言是沒有事實依據的。……習慣於自給自足、很少與外界交換的民族，其『美德』僅限於極小範圍，不具有普遍性。」[57]一個不爭的事實是，越是在交換發達即市場經濟發達的社會，人們越是誠實、自信、開朗、樂於助人、重視人與人之間「君子一言，駟馬難追」的契約精神、鄙視和嚴懲不誠信行為。

「契約」一詞源於拉丁文，原義為「共同交易」，可見契約精神本身就是人類交換活動的產物。古希臘時期，生活在地中海這個「最早承認個人有權支配得到認可的私人領域的地方」[58]，人們在長期平等的貿易往來中深刻認識到，只有交易雙方都能誠實守信，不折不扣地履行合約，才能確保交易安全，使雙方長期共同獲利。孟德斯鳩在《論法的精神》中說：「有商業的地方便有美德。」這美德便是契約精神、誠信意識，以及由此積累起來的社會信用。當代經濟學的資本概念，包括物質資本、人力資本和社會資本，信用即是最大的社會資

---

56 〔英〕哈耶克：《致命的自負》（北京市：中國社會科學出版社，2000年），頁8。

57 拙作：〈經濟學研究需要理論創新——基於唯思史觀的思考〉，《北京社會科學》2015年第11期。

58 〔英〕哈耶克：《致命的自負》（北京市：中國社會科學出版社，2000年），頁28。

本——一個社會的信用度越高，社會成員之間的交易成本就越低、彼此間交換思想及物質財富的頻率就越高、能夠創造出來的財富也就越多。以中國浙江織里為例：

織里鎮是中國最大的童裝生產基地，全國市場上百分之八十的童裝都出自這個常住人口約三十萬的鎮子。鎮裡有近兩萬家註冊的童裝生產企業，周邊還有一些沒註冊的小作坊。在這裡，「如果你現在拿三十萬塊錢去租一個門面，兩個小時，你的品牌、布料、輔料、樣式，所有的東西都可以搞定，開工。生產完，全國各地的採購商就在你家門口，直接打包，一個小時之後裝車，最多兩天可以運到全國各地。」實際上，織里鎮百分之八十以上的工人都是安徽人，然而近在咫尺的安徽省卻始終無法將這裡的產業鏈複製回去、建立同樣的產業基地。其原因，不僅是織里鎮產業鏈完備（這些硬件條件很容易複製），最重要的，是產業鏈上各環節之間建立起來的穩固的民間信用關係：「採購商買完衣服打個電話，物流的人就過來了。比如說你發鄭州哪個市場哪一號，直接一寫裝車拉走。有的都不交錢，說我賣完之後再還你錢。」[59]這樣的信用體系一旦建立起來，企業家不需要太多周轉資金就可以使工廠正常運轉，產業集群也只會在這樣的信用沃土上才能自然生長壯大。

以上正反兩方面的事例充分證明：交換呼喚社會道德文明水平的提高，社會道德文明水平的提高又能進一步促進交換的健康發展。

（二）交換增進人類制度文明

市場經濟的本質，是人們可以自由、平等、安全地交換各自財物。然而實際上，它違反了人類與其他動物共有的自然本性——掠

---

59 李宏宇：〈90分鐘的方法——紀錄片作者王兵在卡塞爾文獻展〉，《南方週末》2017年4月27日。

奪。因此，交換的發達有賴於人類建立起一個有別於自然秩序的社會秩序，這個社會秩序能夠為市場參與者提供強有力的秩序環境和法律平臺，保護私有產權、維護市場秩序、保證契約的有效性，幫助培養法律、契約、公平交易等人類獨有的社會意識。沒有健全的市場經濟法律制度，就不可能有完善的市場經濟體系。改革開放後中國市場經濟與法制建設同步發展的歷程，充分證明了這一點。

如前所述，改革開放後中國農村經濟體制改革和城市經濟體制改革，都是以給生產者鬆綁、擴大其自主生產、自由交換的經營自主權為指向的。在這一過程中，國家相關法律法規的制定及調整，以及有「中國特色」的雖不是法律、但實際上產生了法律效果的黨和政府相關政策文件的出臺、高級領導的講話等等，都有力地促進和保證了改革走向成功。譬如，一九七八年安徽小崗村農民因為實在無法忍受計畫經濟體制在農村的堡壘——人民公社的低效率，冒死實施「大包幹」，第二年就實現了豐收。一九八〇年五月，鄧小平在一次重要談話中公開肯定小崗村「大包幹」的實踐，有力地推動了後來被稱為「家庭聯產承包責任制」的改革。一九八二年一月一日，中國共產黨第一份關於農村工作的一號文件正式發佈，明確支持包產到戶、包幹到戶等生產責任制；一九八三年，共產黨中央下發文件，肯定聯產承包制是黨領導下的中國農民的偉大創造；一九九一年十一月召開的中共十三屆八中全會通過了「中共中央關於進一步加強農業和農村工作的決定」，再次肯定家庭聯產承包制，明確表示要將其作為一項基本制度長期貫徹下去。這一系列相關政策、制度的調整，在徹底解決了中國糧食問題的同時，又將更多農民從計畫生產中解放出來、為發展城市及鄉鎮企業提供了大量富餘勞動力。

需要強調指出的另一個「中國特色」是：與西方國家不同，改革開放以來中國政府關於經濟方面的立法，主要不是為了解決所謂「市

場失靈」問題，[60]而是為了解決「計畫失靈」即計畫經濟制度對社會經濟發展造成的危害問題、削弱計畫經濟在思想觀念、制度政策等方面對市場經濟的桎梏。譬如，改革開放前，中國是以所有制為標準劃分企業，即分為全民、集體、私營和個體所有制。這種劃分標準既不科學（很難區分什麼是私營所有制、什麼是個體所有制）、也不合理（不同所有制企業的地位不平等、享受的權利和承擔的責任也不相同），極不適應市場經濟的要求。針對這一問題，中國政府陸續頒佈〈個人獨資企業法〉、〈合夥企業法〉、〈公司法〉、〈中外合資經營企業法〉、〈外資企業法〉、〈農民股份合作企業暫行規定〉等一系列法律文件，規定依照出資者的形態和責任來劃分企業，用新觀念、新標準修改不適應市場經濟發展的舊的法律條文。又如，計畫經濟時代有過一個極其荒唐的罪名——「投機倒把罪」，很多人因這一罪名被判刑、甚至被槍斃。然而實際上，投機，就是看準時機；倒把，就是進行交易。不「投機倒把」如何做交易？計畫經濟色彩濃厚的《投機倒把行政處罰暫行條例》嚴重違反了市場經濟自由交換的原則，嚴重影響了市場經濟的發展，終於在二○○九年一月全國人大常委會對過時法律條文進行清理修改時被廢除。

　　當然，政府不是萬能的、不可能所有事情都大包大攬。所以在很多先進國家，政府在進行制度建設的同時，越來越重視發揮非政府組

---

60 之所以說「所謂『市場失靈』」，是因為唯思史觀認為，如果沒有外部干涉（包括政府對社會生產的各種干預以及濫發信用貨幣造成的信用膨脹等，但是不包括政府為便於交換即健全市場秩序所做的努力），則市場只有波動、沒有「失靈」。而產生波動的原因很簡單：和平時期，在創新帶來的經濟上行階段（所謂「景氣」或「健康發展」時期），人們（及政府）會因為覺得前景樂觀而不斷追加投資；到了某個臨界點，創新紅利享用完畢，累計的過度投資、錯誤投資被蕭條強制性調整，經濟進入下行階段（即所謂「衰退」或「經濟危機」時期）……不久，新一輪創新將經濟引入一個新的增長週期，如此不斷波動前行而已（但不是循環往復）。

織的積極作用。譬如,在企業社會責任管理方面,發達國家的非政府組織就發揮著十分重要的作用。在美國,非政府組織主要是通過對企業履行社會責任的第三方評估和認證,為企業社會責任行為建立標杆,規範美國企業必須遵守的社會責任。另外,以非政府組織為代表的公民社會的不斷呼籲,還促使美國政府在勞動保護、產品安全、消費者保護、環境保護、公平競爭等許多方面通過了一系列相關法律和政策,約束和規範企業行為。在歐洲,成立於一九九五年的歐洲企業社會責任協會與歐盟委員會合作,通過組織各種專題研究、建立諮詢臺、論壇、研討會等等,多方面推動利益相關者之間的對話。歐洲企業社會責任協會還通過建立 CSR(企業社會責任)網絡服務中心,幫助企業將社會責任融入到企業經營戰略、組織結構及日常運營中;歐洲企業社會責任協會還特別注意從法規制定層面影響官方機構,推進企業社會責任運動在歐洲的開展。[61]

五 結語

　　觀察一下水的相變是很有趣的:給一杯水加熱,隨著溫度的升高,水分子流動加速,彼此間劇烈碰撞並不斷重新調整相互間的關係;當水溫升高到一定程度(攝氏一百度)時,水分子間關係的調整達到一個臨界點,這杯水就會集體進入一個新的、更高一級的「社會形態」——氣化了。

　　在這裡,雖然進入氣化狀態的水分子與它們在液態時的分子結構沒有絲毫不同,但是水蒸氣與液態的水卻是有著明顯不同的「社會特徵」(物理性質)。這是為什麼呢?用一個擬人的說法,叫做「水分子

---

61 參閱鄧澤宏:〈國外非政府組織與企業社會責任監管——以美國、歐盟的NGO為考察對象〉,《求索》2011年第11期。

的社會組織結構發生了變化」。

對這個現象的解釋同樣適用於觀察人類社會：生活在落後國家的人與生活在發達國家的人，在生理結構上沒有太大區別，區別僅在於社會組織結構的不同──後者發生了更高一級的「相變」，從而使由同樣生理結構的人組成的社會內部，分工更明確、合作更有效率，進而創造出更多的精神和物質財富。

是什麼因素最終導致了人類社會的「相變」呢？答案依然是交換。在自然界中，水分子的加速流動最終導致了水的相變；在人類社會，通過不斷優化交換環境，人類思想及其創造出來的精神與物質財富加速流動與交換，最終導致了人類社會的一次次相變──由相對落後的傳統社會形態進入一個新的、相對進步的社會形態──歐洲近代資本主義社會的產生和發展雄辯地證明了這一點（工業革命之所以能夠在歐洲產生和發展，直接得益於文藝復興、宗教改革、啟蒙運動之後思想產品市場和物質產品市場的迅猛發展）。反之，阻礙自由交換、用專制的手段限制各種社會交流，必然會使社會發展陷於停滯──這正是中國社會自秦始皇後一直無法進入更高級社會形態的主要原因。

綜上所述，交換是人類最獨特、最具創造性的社會行為，它凝集了人類的智慧和理性，考驗著人們的意志、能力（觀察力、判斷力、行為力等）和技巧（博弈），推動並引導著人們構建自由、平等、公平、公正、誠信、協商、合作共利的交換關係和交換精神。人們通過交換來滿足自身需求，是一種高度文明的表現，是人類作為一種智能高級動物的重要特徵。交換對於增進社會的物質財富和精神財富、促進科學技術的發展和管理水平的提高、增進社會的制度文明和道德文明、促進人類和平，都有著十分積極的影響。隨著社會的發展，交換關係在時間和空間上不斷擴展；市場的全球化，促進了人類互利關係

的不斷擴大和加深，使得不同地區、不同國家、不同社會間的共同利益不斷增長和強化，緩解和銷熔了相互間的矛盾、分歧和衝突。人類的共同利益鑄就了共同的命運，人類命運共同體的逐步形成，為人類社會長期穩定和平發展偉大社會理想的實現，開啟了一條現實的文明進步之路。

對未來中國之斷想
——基於唯思史觀的思考

一　華夏文明復興與作新民

　　日本明治時期最傑出的外交家小村壽太郎，早年曾留學美國。他在留學日記中盛贊美國人的正直、勤奮、節儉、樂於助人，痛感自己的同胞自私、狹隘、冷漠、懶惰、有點小錢就肆意揮霍。小村悲觀地寫道：國民素質如此之低，日本永遠也趕不上美國！

　　孔子曰：「君子之德風，小人之德草。草上之風，必偃。」意即社會上層倡導的思想文化、道德觀念，會迅速影響並改變整個社會。知恥而後勇的明治政府在大力推進富國強兵、殖產興業的同時，也在努力達成第三個政府目標——文明開化，即在改革教育制度、教學內容的同時，對國民進行普及近代文明知識的教育，改變民眾頭腦中與時代脫節的錯誤觀念，規範國民的社會行為，使之儘快與西方近代文明接軌。為此采用了宣傳教育、制定行為規範、天皇垂範（如1871年，明治天皇和皇后分別模仿西方的君主和貴婦，著軍裝式西服和禮服亮相）等多種措施。在政府鼓勵下，一八七二至一八八〇年，出版界發行了幾十種評解文明開化政策的書籍，流行最廣的有加藤祐一寫的《文明開化》（初篇於1873年出版）和小川為治寫的《開化問答》（1874-1875年出版）。前者講解「斷髮」、「易服」、「食肉」、「敬神」等道理；後者以「舊平」（代表保守）與「開次郎」（代表開化）兩人問答的方式，解釋政府推行的廢藩置縣、四民平等、徵兵、租稅、外交、學校制度，關於政府、警察、貨幣、鐵路、電報、陽曆、地券發

行等方面的問題，以及國民與政府的關係、符合近代文明的衣食住行
生活方式等等。

　　唯思史觀認為：人類幾千年歷史長河中，決定社會進步（或退
步）的力量，在社會歷史各階段都只能是這個社會的精英階層。[1]一
八七三年（明治六年），著名思想家、政治家、教育家（後來任文部
大臣）的森有禮發起成立研究傳播西方民主思想的學術團體「明六
社」，成員皆為一時之選。明六社成員、著名學者西村茂樹在《明六
雜志》第一期撰文，明確表示他們作為文化知識精英，要擔當起「以
卓識高論，喚起愚氓」社會責任，在文明開化運動中起先導作用。明
六社以引進西方的哲學、政治、法律、歷史、教育等思想啟蒙為己
任，定期集會，公開演講，同時發表論文百餘篇，內容遍及政治、法
律、經濟、社會、外交、宗教、歷史、教育、自然科學等許多方面，
還翻譯出版了二十多部介紹民主、共和、自由、平等、法思想的西方
書籍。這些出自各學術領域知名學者的高質量思想產品，處處閃爍著
「理性之光」，啟迪了一代日本人。

　　文明開化政策的成效很快顯現出來。一八七四至一八九〇年，日
本掀起了一場由板垣退助、大隈重信等政治領袖及植木枝盛、星亨等
知識精英領導、下層民眾積極響應參與的自由民權運動。運動中先後
提出開設民選議會、制定憲法、減輕地稅、確立地方自治、保證言論
集會自由、修改與西方列強簽訂的不平等條約等多項政治訴求。運動
期間，各地民眾自發地組織學習、研究世界主要先進國家的憲法，擬
定憲法草案（當時謂之「私擬憲法」），僅目前發現的私擬憲法草案就
有近百份之多；其中默默無聞的小學教師千葉卓三郎起草的《五日市
憲法》中關於保障人權方面的規定，思想高度堪與二戰結束後奠定日

1　拙作：〈對二十世紀五十年代臺灣經濟改革的再思考──基於唯思史觀的視角〉，《北
　京市社會科學》2017年第5期。

本和平發展法律基礎的新憲法——《日本國憲法》相媲美。

明治政府還非常重視以行政法令的形式規定規範國民的行為。例如，一八七二年十一月，由司法省制定東京府實施的《違章詿誤條例》，把生活中不文明及妨礙他人利益的行為，包括販賣春畫、男女混浴、隨地便溺等定為違章，予以禁止或處罰。這一行之有效的做法一直保持到今天——戰後不久，日本即於一九四八年公布實施《輕犯罪法》；一九七三年又進行了修改。《輕犯罪法》詳細規定了數十條屬於輕犯罪的行為，如在公共場所言行粗野者、插隊加塞者、隨地吐痰、大小便者、亂丟垃圾、鳥獸屍體及其他廢棄物者、製造噪音影響他人者（所以日本絕無「廣場舞」）、有工作能力但無求職意願游手好閒者、乞討或唆使他人乞討者（這樣的法律杜絕了拐賣、誘騙、甚至致殘兒童，強迫這些兒童行乞的犯罪）、售賣物品或提供服務時，使用欺騙他人或讓人發生誤解的廣告者（所以日本不會出現「腦白金」廣告、沒有「競價排名」，更不會發生「魏則西事件」）等等。

《輕犯罪法》對上述各種輕犯罪行為設定了包括罰款、拘留或二者並罰的實施細則，使執法者在社會管理過程中有法可依；違法者還會被「書面起訴」並可能留下案底，這是非常有震懾力的——在日本，身份再高、名氣再大，一旦有犯罪記錄，在租房、貸款、買房、就業、創業、交際等社會生活各個方面都會受到很大影響，基本上會被社會邊緣化。

經過一百多年持續不斷的教育改革、文明開化、法治建設，日本國民的知識水平、公民素養大為提高，養成了良好的守法意識，終於成為國民素質世界第一的現代化文明國家。

反觀中國，一八四〇及一八六〇年兩次鴉片戰爭，並未使中國人從夜郎自大中完全醒來，不僅民間百姓，精英階層也依舊對自己的傳統文化充滿自信，認為中國在思想文化、典章制度方面遠勝西洋，只

是在器物製造方面技不如人，只要模仿洋人造槍、造炮、造船、修鐵
路，實現物質生產方面的現代化，中國就可以趕上甚至超越西洋。李
鴻章的話最具代表性：「中國文武制度，事事遠出西人之上，獨火器
萬不能及。」（《江蘇巡撫李鴻章致總理衙門原函》）「中國但有開花大
炮、輪船兩樣，西人即可斂手。」（《李文忠朋僚函稿》卷三）這種錯
誤認知，違反了唯思史觀強調的「思想、文化、道德、觀念等為第一
層次，最為重要；法律、制度、政策等次之；科技發明、管理方法等
又次之，而包括經濟發展在內的社會各方面的發展及財富的增加，不
過是上述三個層次的思想成果依次作用的結果而已」的論斷。[2]在唯
物主義思想指導下，清政府不是像明治政府那樣，從文化、思想、觀
念、制度上學習西方，致力於對西方近代政治、法律和教育制度的移
植吸收，而是希冀只學習西方先進科學技術求強求富。因此，其努力
實現科技現代化的所謂「洋務運動」，看似轟轟烈烈，最終失敗實屬
必然。

　　洋務運動三十年後發生的中日甲午戰爭，以大清的屈辱失敗告
終。這個結果徹底打碎了中國人科技強國的美夢，使部分中國最優秀
的知識分子真正明白了一個唯思主義原理：企圖在不改變思想、文
化、觀念、制度的前提下，僅僅通過科技進步實現所謂的現代化，是
根本行不通的。如同梁啟超在《五十年中國進化概論》中所說那樣：
「近五十年來，中國人漸漸知道自己的不足了。……第一期，先從器
物上感覺不足；……第二期，是從制度上感覺不足；……第三期，便
是從文化根本上感覺不足。」可以說，甲午戰爭後，中國人才開始明
白「要想社會進步，思想必須先行」這一唯思主義觀點的正確性，才
開始認真反思自己的文化自信——「五四運動」提出「打倒孔家店」，

2　拙作：〈對二十世紀五十年代臺灣經濟改革的再思考——基於唯思史觀的視角〉，《北
　京市社會科學》2017年第5期。

魯迅、胡適、錢玄同、陳獨秀等人對舊中國文化的批判與否定，以及用拉丁文取代漢字的努力等等，都是這一反思結果的極端呈現。

一九四九年中國大陸政權易手，馬教盛行。馬教堅持唯我獨真，本質上是西方人一神教文化的新變種，這與東方人「萬物並育而不相害，道並行而不相悖」的傳統文化觀念大相徑庭。毛澤東運動治國，華夏傳統文化及其載體──華夏民族最後一批學養深厚的知識分子飽受摧殘、零落殆盡，故而後毛時代少數學人振興「國學」及傳統文化的努力，終因先天不足、力有不逮，加之不合時宜，成果皆不足觀。

有鑒於此，近年來憂慮後馬教時代社會失序、呼籲引入新教收拾人心者日益增多。特別是二○二○年初武漢爆發新冠肺炎後，面對部分政府部門的失策、失態及部分地區民間的失德、失範，網上甚至出現了「只有基督教（新教）才能救中國」的呼聲。其理由主要有：

一、全球最富有（人均 GDP 前十名）及政府清廉度排名最靠前的國家，除日本外都是新教國家。

二、全球醫療、教育、社會福利水平最高的國家，除日本外多還是新教國家。

三、現代化國家必須是法治國家，而基督教國家國民對法律的敬畏，源於其對唯一神──上帝的信仰，所以華夏必須引入一神教才能真正實現法治化。

四、後馬教時代，佛教、道教等華夏傳統的多神教根本無法抵禦「心往一處想，勁往一處使」的各種一神教的衝擊。相對而言，經過宗教改革洗禮的新教既能秉持「政教分離」原則，對世俗事務較少干預，又能在抵禦其他一神教時表現出強大戰力。[3]

3　目前歐洲越來越嚴重的伊斯蘭化不是因為伊斯蘭教更為強大，而是部分基督徒自身發生了思想癌變，在「政治正確」思想影響下自廢武功，否則情況應是完全相反。前幾年，一對韓國基督徒夫妻到南疆秘密傳教，兩人分別在兩個村莊傳教，在克服

上述理由似乎都有道理。其實還可以補充一條更能打動為政者的功利主義理由：國與國之間的關係，不能僅靠短期利益關係來維繫；比利益關係更可靠更持久的，是共同的價值觀。華夏引入新教，不僅能極大改善中國與世界主流國家的關係，進而獲得大量投資等社會發展的新助力（中國近代最好的醫院、學校都是基督徒捐贈的），還能通過這張「投名狀」使中國迅速擺脫日益被孤立的困境、在國際舞臺上實現華麗轉身。[4]

儘管如此，筆者還是認為，華夏引入新教、奉為國教的做法弊大於利。因為：

一、雖然世界上最富有、最廉潔、社會福利最好的國家多是新教國家，但保持東方傳統的非一神教文化的日本，同樣能够取得與西方最發達國家比肩的傲人成就，證明信奉新教並非國家社會繁榮進步的絕對必要條件。

二、西方人對法律的敬畏，不僅僅是因為信仰上帝，古希臘人對法律的信仰和尊重、古羅馬人的法律意識和法治精神、英國人的習慣法傳統都是其重要的思想來源。蘇格拉底坦然面對死刑判決、古羅馬推出「十二銅表法」和「萬民法」時，基督教尚未出現；《羅馬帝國衰亡史》被認為是第一部「現代」歷史著作，即不是根據宗教觀念，而是根據生產、生活、文化、制度、宗教等各個方面史實描寫歷史。在這部歷史名著中，作者吉本明確指出：羅馬帝國興於宗教信仰寬容及沒有「血統純正」的潔癖（即沒有所謂「嚴夏夷之別」的傳統），

了語言及來自各方面的敵意、歧視後，居然在一年內使這兩個村莊全部改信基督，即是明證。

4 即便不以這種方式，轉身也必將發生，因為事關華夏存亡——這次疫情過後，國際社會總結經驗教訓，將會在很大程度上修正全球化模式：國際交流與合作、投資與貿易將由國際逐利共同體漸向國際價值觀同盟內部集中，未能及時洗心革面、革故鼎新者將會被迅速邊緣化。

亡於基督教傳入後唯我獨真、毫不容忍其他信仰造成的社會撕裂（委婉說法是「《福音書》的傳播和教會的勝利」）及野蠻人的入侵。在英國，被譽為「現代社會法律體系根基」的《自由大憲章》，並非出自對既有政治法律秩序不滿的宗教激進主義者之手[5]，而是恪守習慣法傳統的封建貴族及高級宗教人士。他們認為國王享有的各項封建權利並非神授，而是社會歷史形成的習俗與慣例。因此，《大憲章》通過要求國王必須遵守「舊時之公正習慣」來限制國王及王室成員的權力；在執行層面，要求「除熟習本國（既有）法律而又志願遵守者外，餘等（即國王）將不任命任何人為法官」。《大憲章》簽署後的幾百年間，英國貴族及新興工商勢力代表一次次逼迫英王重申《大憲章》的約定，同樣是習慣法傳統使然。這些史實，足以說明為什麼不信仰上帝的日本人同樣敬畏法律並建立起令世人稱道的法治國家，也充分證明守法意識與一神教信仰之間沒有必然聯繫。

三、雖然一神教有其凝聚力、行動力強的優點，但也有唯我獨真、黨同伐異，不僅對外、其內部也紛爭不斷的缺點。歷史上，基督教並不比今天其他一神教更為寬容——無論是天主教徒對新教徒的聖巴托羅繆大屠殺，還是新教獨裁者加爾文處死肺循環發現者塞爾維特、清教（新教重要派別）獨裁者克倫威爾處死英王查理一世，基督徒內部因信仰不同而被處死的「異端」不計其數。[6]引領歐洲擺脫一

5　激進主義者頭腦中都有一個「美麗新世界」並據此批判、顛覆現實社會。不同的是：原教旨主義者心中的美好在過去，所以他們像ISIS那樣要復古；理性激進主義者的烏托邦在未來，所以他們急於「跑步進入共產主義」。

6　二〇一五年十一月五日，芝加哥大學在期刊物*Current Biology*（當代生物學）上發布了一份研究報告，題目是〈研究發現，宗教家庭出身的孩子更少利他精神〉（Religious Upbringing Associated with Less Altruism, Study Finds.）。這是一項由著名心理學和精神病學家、芝加哥大學"Child Neurosuite"學院長Jean Decety教授領銜的一組發育心理學家（developmental psychologists）進行的國際研究。研究結果證明：一神教家庭孩子比世俗家庭孩子更薄情寡義，即更不願與他人分享手裡的東

神教桎梏、走出黑暗中世紀的,是文藝復興、宗教改革、啟蒙運動結下的碩果──將宗教權力從世俗事務中剝離出去的現代政治學原則──政教分離。認為西方發達國家的文明與繁榮是因為新教信仰、試圖用某種一神教統治社會,不啻「買櫝還珠」──棄西方政治文明之果、開政教合一倒車。

值得指出的是,華夏歷史上之所以絕少被大規模宗教戰爭所荼毒,即是得益於沒有一神教傳統。[7]因此,為政者不僅要看到引入新教的短期收益,還應慮及將來發生宗教紛爭的長期隱患。當然,部分地區可以根據其特殊性,因地制宜引入新教。譬如西域,怛羅斯戰役之後,帕米爾高原阻礙了阿拉伯勢力東侵的勢頭,故而儘管原來信奉佛教的西域地區被逐漸伊斯蘭化,但華夏文明的主體還是避免了北印度被徹底伊斯蘭化的命運(古印度的主體在今天的巴基斯坦)。然而,隨著「一帶一路」的貫通,歷史上的天塹失去了作用,西北門戶洞開,傳統的維穩手段又受到國際上越來越嚴厲的指責。這種情況下,在西域設立宗教改革特區(或南北疆分而治之),允許傳播新教,既能利用新教「政教分離」原則維護社會世俗安定、促進當地經濟發展,又能為防止內地伊斯蘭化建立擋風牆,還能迅速改善國際形象,得到世界主流國家的理解和支持。此計一舉三得,勢在必行。

筆者眼中的華夏新民,不是被某種一神教洗腦後對自己的祖先、歷史、文化喪失記憶乃至徹底否定的所謂「新人」,而是充分認知華夏文明之精華及人類近代文明之成果,並且能夠不斷學習、創造更先進文明的炎黃子孫。宋末元初大儒郝經認為:「夷而進於中國,則中

西、對他人的過失更少寬容心、更傾向於加重對別人的懲罰。這對於那些自以為有了「真神」加持就自然占據了道德高地因而優越感爆棚的一神教信徒,或許是一劑醒藥。

7　清末兩次最大浩劫──太平天國及同治回亂,都是受一神教影響而發生的。

國之；苟有善者，與之可也，從之可也。」這在「嚴夏夷之別」者眼中屬於「漢奸言論」。然而，欲復興華夏文明，進而使之走向世界，成為有生命力、有感召力的普世文明，首先必須打破傳統的華夷之辯即狹隘的地域、血統及民族觀，樹立「哪裡最文明，哪裡便是中華」的新中華觀，進而見賢思齊、與時俱進，努力使自己日新月異、更加文明。

這次武漢爆發新冠肺炎後，日本人在捐贈物資上用優美的古漢語寫下「山川異域，風月同天」、「豈曰無衣，與子同裳」，我們自稱「炎黃子孫」，卻只會喊出「武漢不哭」、「武漢挺住」、「武漢加油」！兩相對比，怎不令人汗顏？當年日本人為求文明進步，不惜花費大量財物、忍受巨大才俊犧牲，一次次派遣隋使、遣唐使，歷盡艱險來學習中國文化。今天中國人也應當有足夠的胸襟和勇氣放下身段，虛心向包括日本在內的現代文明國家學習。希望在不久的將來，中日兩國能夠攜起手來，探討、分享作新民及建設文明國家的經驗，並通過下面詳述的權重民主制改革，在地域間相互尊重、相互激勵的良性競爭中，使中國重新成為中央之華。

二　權重民主制將使中國有機會改進人類制度文明

西方民主制度起源於古希臘。古希臘不是一個國家，而是由眾多規模大小不等的城邦組成。亞里斯多德指出，判別一個城邦，不是以人口、城垣等為標準，而是要看它是否由公民組成：「城邦正是若干公民的組合」，「若干公民集合在一個政治團體以內，就成為一個城邦。」[8]

8　亞里斯多德：《政治學》（北京市：商務印書館，1997年），頁109。

古希臘眾多城邦中，最為強大的是雅典和斯巴達。雅典人口約四十萬，其中公民及其家屬約為十六萬人，另外還有大約十萬外邦人和十四萬奴隸。

城邦形成之初，往往只有貴族或具備一定財產資格的人才能成為公民──有些公民甚至因為貧窮不能履行公民義務而失去公民權。因此，公民身份是少數人的特權，占人口大多數的婦女、奴隸（在古希臘屬於家庭成員）、以及僑居的外邦人都不是公民。

各城邦公民政治權利大小不等，有過幾種政體，其中貴族制和民主制最為盛行。貴族制強調集體領導下的平等協商、少數服從多數，以及選舉和任期制。因與本文關係不大，略去不講。下面簡述雅典一人一票民主政治的形成及世人的評價。

西元前六世紀初雅典城邦的梭倫改革，首創按財產多少確立社會等級的政治制度，打破了舊權貴對政權的壟斷，奠定了雅典政治民主基礎；隨後發生的克利斯提尼改革，制定了陶片放逐法，確立了一人一票的雅典公民政治民主制度。

西元前五世紀的伯利克里改革，取消了財產資格限制──全體公民均有權通過抽籤當選將軍以外的一切官職，從而把古希臘一人一票的公民民主政治推向頂峰。

一人一票的民主政治，好處有目共睹，但也有其局限性：

首先，一人一票的直接民主，只適用於小國寡民的村落、部落及規模不太大的城邦──因為彼此熟悉，很容易鑒別每個人的「好壞」。然而，當選舉規模進一步擴大，要求選民們選舉「陌生人」時，民主選舉的擇優機制就失靈了──二〇〇〇年小布希戰勝戈爾當選美國總統，讓很多資深人士大跌眼鏡，因為人們覺得戈爾表現出的風度、學養遠勝小布希，理應當選。記者問一位美國大媽：為什麼投票支持小布希？大媽的回答居然是：「小布希憨憨的，像隔壁加油站

的夥計，我覺得靠得住！」

　　其次，每個公民的智商、學養、品性、生活環境不同，政治素養及專業背景不同，判斷是非真偽的能力也不同，讓全體公民對高度複雜的各種社會問題作出判斷和選擇，實際效果，無異於迫使很多人承擔其無法勝任的社會責任──雅典人投票處死蘇格拉底即是明證。

　　因此，古希臘最傑出的思想家，基本上都對雅典一人一票的民主政治制度持批判態度：蘇格拉底認為不應將雅典民主政治的權力集中在那些沒有主見的「群氓」手裏；柏拉圖認為普通民眾沒有能力也不適合管理國家，只有哲學家才能充當統治者；亞里斯多德認為民主是個壞東西，反對民眾參與政治；歷史學家修昔底德在《伯羅奔尼撒戰爭史》中例數雅典人在民主政治生活中遇到大忽悠政治領袖時很容易被催眠、視國事如兒戲的表現，認為雅典在伯羅奔尼撒戰爭中的失敗，主要原因是民主制度產生的弊病。

　　另一位希臘歷史學家波里比烏斯，在其名著《歷史》（現改名為《羅馬帝國的崛起》）中，詳細描述了羅馬在崛起過程中的政治體制改革歷程：最早是由賢明國王統治的王權政治。然而，「王二代」大都不具備父輩的能力和人格魅力，結果王權政治淪落為僭主、甚至暴君統治。於是，貴族們起來驅逐暴君，建立貴族統治。但是，貴族統治滋生腐敗，逐漸蛻化為寡頭統治，最終被國人推翻，建立民主政治。民主政治同樣問題很大──窮人們會利用民主手段，剝奪富人財富，使民主政治淪為暴民政治。因此，波里比烏斯與羅馬共和國最有影響力的政治家、思想家西塞羅都認為，君主、貴族、民主三種政體都有弊端，理想的政體應當是羅馬共和國最終實行的「混合政體」。

　　在當代，美國被稱為「民主典範」。然而，閱讀美國憲法的權威著作《聯邦黨人文集》，我們會發現，很多開國領袖對一人一票的民主政治並不認可，擔心出現「多數人的暴政」，造成對個人自由和財

產的侵犯。亞當斯說：人類最終會發現，假如大多數人失去控制，他們和不受約束的暴君一樣，會變得專制殘暴。因此，美國開國者們通過三權分立、相互制衡的制度設計，對選舉權資格的最低財產要求，以及選舉人團制度等等，在很大程度上減弱了一人一票民主政治對政府及社會的衝擊，在「把政府關進籠子」的同時，也把一人一票的民主政治關進籠子，以「阻止民主的冒失表現」。[9]正如約翰‧阿克頓所讚美的那樣：「分權原則是業已設計出來的對民主制最有效的限制。」[10]

然而，二百年後的今天，隨著選舉權資格門檻的降低，越來越多的美國人有了選舉權（2015年加利福尼亞州甚至通過了給予非法移民投票權的法律），一人一票民主政治的弊端也日益明顯——最為人詬病的，是這種變相的絕對平均主義實際上違背了公平正義原則——公平的社會，應該是付出能夠得到相應回報，多勞多得、少勞少得；如果無論付出還是不付出、刻苦努力還是游手好閒、對社會做出巨大貢獻還是一輩子坐吃社會福利救濟，得到的都是同樣的政治回報——一張能夠決定如何分蛋糕的選票，這不僅有違公正，還會使社會經濟發展失去活力，這在歐洲、特別是希臘、西班牙等國家表現得尤為明顯（實際上歐洲還面臨著一人一票民主政治帶來的更大危機——伊斯蘭化）。

因此，李光耀認為四十至六十歲的公民應該享有兩張選票的想法是頗有見地的——「有恆產者有恆心」，一個擁有美好家庭及相應財富的中年人，一般而言會有較強社會責任感；而主張打碎世界、重造乾坤的多是社會邊緣人——城鄉流氓無產者及部分「懷才不遇」的知識分子。

---

9 查爾斯‧比爾德：《美國憲法的經濟觀》（北京市：商務印書館，2010年），頁127。
10 約翰‧阿克頓：《自由史論》（南京市：譯林出版社，2001年），頁204。

　　唯思史觀認為，任何社會變革，都是思想先行——正確思想引導社會進步，錯誤思想導致社會停滯甚至倒退。近代一人一票民主政治思想有兩大源頭：一是英國清教徒中的激進派別「平等派」——一六四七年平等派提出《人民公約》，主張實行一人一票普選制；一是法國理性主義激進派——一七八九年法國大革命提出《人權宣言》，第一條明確寫道：「在權利面前，人們生來而且始終是自由平等的。」不過法國大革命提出的平等思想，是要求取消封建貴族的特權，如免稅特權、司法特權、壟斷官職特權及其他擾民特權，即追求的是社會公平公正，並非今天西方部分左派要求均分蛋糕即結果平均的所謂「平權」。然而在今天，平等即等於一人一票的思想已經深入人心，所以儘管李光耀的主張頗具合理性，但因為「政治不正確」，還是應者寥寥。

　　從這個意義上講，中國有機會為人類制度文明——民主政治的改革做出自己的特殊貢獻。因為是一張白紙（尚未實現民主政治），沒有任何負擔（在中國，任何民主政治改革都是帕累托改進〔Pareto Improvement〕因而阻力最小），可以畫最新最美的圖畫（可以在不同省份、不同地區試行指標選取、權重調整等細節不同的權重民主制，進而探索出最為合理的模式）。筆者認為，權重民主制最重要的兩個指標，應當是納稅額和受教育程度——前者能夠直接證明一個人對社會的貢獻度，後者則不僅與一個人潛在的社會貢獻度相關聯，還能在很大程度上保證其影響社會政治的權利大小，與分析、理解、判斷問題的能力相匹配，最大限度避免一人一票民主政治最終選出希特勒（Adolf Hitler）、普京（Vladimir Putin）、查韋斯（Hugo Chavez）等給自己的國家社會帶來巨大災難的大忽悠政客。權重民主制的原則，應當是「下要保底、上要封頂」，即每人至少都應擁有一張選票；能力及社會貢獻度高的人，也不能據此擁有無限多的選票，進而成為左

右國家社會的新帝王。

權重民主制不僅有助於世界各國、各地區民主制度建設，也有助於聯合國、歐盟等有嚴重弊端的國際組織的改革重生──這次新冠肺炎事件中 WHO 的表現，使更多人意識到對這些國際組織進行改革的必要性和迫切性。這個問題比較複雜，在此不作過多探討。但筆者相信，在不久的將來，這些國際組織的改革或重建，會改革一國一票的投票制度，代之以根據各國人口規模、經濟規模、繳納會費額及對地球村和平與發展貢獻度的大小，選取指標、設定權重（國土面積也很重要，但考慮到容易誘發領土爭端，故不建議列入指標選取範圍），最終確定各成員國投票權的大小多寡。

唯思史觀（智創史觀）認為，人類能夠從動物世界中脫穎而出、建立起人工界、成為萬物主宰的決定性力量，主要得益於人類遠遠高於其他物種的思想智慧。人類不僅像其他物種那樣，能夠通過生物基因的縱向傳遞、自然進化，更能通過思想智慧之結晶──先進文化、制度之文明基因的縱向乃至橫向傳承，推動社會不斷進步。作為高度自為的物種，人類這一先進文化制度基因可以在不同部落、地區、國家間橫向交流、學習、模仿乃至創新的進化特徵，為各國家各地區各民族的文明進步提供了無限希望與可能。

筆者相信，掙脫了政教合一、官營經濟兩大枷鎖後，以唯思史觀為思想基礎，以聯邦制（促進制度競爭）、憲政民主制（制約政府權力）、權重民主制（制約多數人暴力）為基本制度，以新中華觀為普世價值觀的華夏新民，定會迸發出巨大思想創造力，社會發展日新月異，迅速以嶄新形象屹立於世界東方，進而化解全球日益嚴重的民粹化、宗教極端化給地球村帶來的威脅，引領人類走向更加和平、文明、多元、共同進步的未來。

跋

回憶我的大半生，某種意義上與司馬遷相仿——都經歷了兩種社會經濟制度。不同的是：司馬遷是先自由經濟、後官營經濟；我是先計畫經濟、後市場經濟（準確地說是半市場經濟）。

我六歲時文革爆發，不久即隨失勢的父親到老家山東當了七年農民。這期間生活苦不堪言，卻也為我提供了一個近距離觀察農民和農村的機會。好在小時候是「神童」——上小學前就能背、默《老三篇》了；上學後三次跳級、十五歲高中畢業。回北京後，先是在西城區前半壁街居委會幫忙打雜，後來做過多種臨時工：建築小工（因幹活賣命，「光榮事蹟」曾刊登在一九七六年八月的街道《抗震戰報》上——我才知道，十七歲的我是第一個報名參加搶修震後危房的志願者）、售貨員（在北京西外聚隆副食店賣肉，不到一個月練成「一刀準」，故而肉案前總是擠滿了人——有來買肉的、有來圍觀的）、廢品收購員、汽車司機等等，直到恢復高考一九七八年上大學。

我骨子裡不是「愛拼」的人，一沒壓力就不求上進——大學畢業後留校當老師，一直逍遙到三十二歲。直到在日本讀博的大學同桌來信問我是否願意去日本留學，我才再次開始認真讀書。

一九九四年，在日本即將讀完博士前期（碩士）課程的我突然對「戰爭賠款」問題產生了濃厚興趣。拿著日本政府的獎學金研究日本應該賠給中國多少錢，自己都覺得有些不好意思，於是決定結束在日本的學習、回國考博。

感謝朱家楨恩師，作為關門弟子錄取了我，使我進了社科院（全

職博士）。不過我很快發現：因為過於敏感，戰爭賠款問題不能碰。於是開始潛心研究經濟思想史，博士畢業後到北師大教書。

我想重點回顧一下自己的學術創新——唯思史觀（智創史觀）產生及確立的思想歷程：

我八歲時，一次做造句作業：「因為……所以」。我不假思索地寫道：「因為存在決定意識，所以剝削階級家庭出身的人必然會有剝削思想。」——當時是文革期間，全國上下，從老人到小孩，大家整天背誦的都是這樣的政治語言；加之我是「神童」，所以背熟的「官話」比一般人更多、也更會「熟練運用」。

說實話，這句話放在今天，一般人也不懷疑其「政治正確」，至少挑不出邏輯上的毛病。但我當時寫下這句話，就感覺不爽——因為儘管我祖父是抗日烈士，死在日本人監獄裡；父親作為烈士遺孤，八歲成為「紅小鬼」，十八歲成為軍醫。但是在那個人妖顛倒的年代，我父親成了「反革命」，我自然成了「反革命分子家屬」。我想：如果「剝削階級家庭出身的人必然會有剝削思想」，那麼「反革命家庭出身的人必然會有反革命思想」了？這怎麼可能！那時候的我成天想的就是如何「為革命獻身」——槍斃？——不怕！絞死？——不怕！餵毒藥？——敵人不會那樣仁慈！鍘刀鍘？——這我要了解一下。於是翻看《新華小詞典》「鍘刀」詞條，看到了鍘刀，刀下還有一束草！我打了個冷戰，心想：如果敵人真的把我按到鍘刀下，我可能真的會背叛革命！為此我痛苦了很久，鄙視可能成為「革命事業叛徒」的自己。

既然「存在決定意識」在我身上不靈，從那時候起，我就一直琢磨這句話到底對不對？越琢磨越發現破綻很大：馬克思出身剝削階級家庭，主要靠一個大資本家的接濟為生，從未體驗過無產階級的生活，卻產生了無產階級自身都沒能產生的「徹底的無產階級思想」；

很多同一家庭出身的兄弟姐妹（有些甚至是孿生），從小在一起生活，上同一所學校（有些甚至是同班），長大後卻因為思想觀念的截然不同而關係破裂，甚至互為政治上信仰上的死敵。

我慢慢意識到：「存在決定意識」作為人類與其他動物（或許還包括植物，因為科學研究表明：很多植物也許具有某種意識）共有的最本能的唯物論的反映論，當然是正確的；但是，不能將簡單意識與複雜思想混為一談——本能性、反應性的意識碎片，與經過大腦複雜加工後產生的系統性的思想之間，有著天壤之別！即是說，存在決定低級、本能的意識，但是決定不了產生什麼樣的思想——決定產生何種思想的，只能是各不相同的思想者個體。譬如種花，土壤、水分等客觀因素固然重要——沒有這些「客觀存在」的物質條件，花種不會發芽、開花；但是，發什麼芽、開什麼花，並不取決於客觀條件，只取決於花種本身。

進而言之，人類社會的發展，是通過思想智慧、而不是本能意識推動前行的。正是由於相對於其他物種，人類具有異常強大的創造性思維力，即思想創造力，所以才能夠將意識昇華為思想、反作用於客觀實際，成為改造客觀世界和主觀世界的決定性力量，從而部分改變了自然界、建立起與自在世界相對應的自為世界——人工界。

文革初期，在「造反有理」口號下，北京各街道、學校幾乎每天都在開各種批鬥會。在我印象裡，主要是批鬥「戴眼鏡的人」（即有知識有文化的人）。記得批鬥會上經常聽到的這樣的吼聲：「你們知識分子有什麼了不起？農民伯伯不種田，你們吃什麼？工人叔叔不生產機床、顯微鏡，你們拿什麼搞科研？所以工人、農民都比你們重要！」雖然我當時是小孩，但從直覺上覺得這樣證明所謂「物質第一性、精神第二性」有些強詞奪理，卻又說不出錯在哪兒？就一直憋在心裡。直到讀了恩師朱家楨先生的經典論著《義利思想辯證》才恍然

大悟：實際上，強調在人類社會歷史發展過程中，思想所起的作用比物質條件更為重要，與承認物質世界先於人類精神世界存在的所謂物質第一性、精神第二性的哲學觀點並不矛盾，因為這是兩個完全不同的命題——前者遵循的是「邏輯在先」原則，後者遵循的是「時間在先」原則。混淆了這兩個原則，就很容易得出非常荒謬的結論。譬如，從科學家首先要吃農民種的糧食出發，進而得出農民比科學家重要的結論就是錯誤的。因為兩件事情發生時間上的先與後，與這兩件事情重要性的大與小之間，沒有邏輯上的必然聯繫。這一認識上的飛躍，為我日後確立欲使社會進步、必須思想先行（而不是一味強調 GDP 等客觀物質條件）的唯思史觀掃清了思想理論上最後一個障礙。

一九九九年我到北師大任教，開始運用這種新的社會歷史觀講授微觀經濟學、中國經濟史、中國經濟思想史；後來不教微觀經濟學，而是陸續開設了全校通識課「新中國經濟政策」以及研究生和 MBA 課程。二〇〇六年，我把這種新思想加以理論概括，命名「唯思史觀（智創史觀）」，用以闡釋中國社會歷史及經濟生活的演變。因為這一新的社會歷史觀及思想方法對人類社會歷史發展的解釋更加清晰、合理，所以很受學生歡迎——我歷年匿名評語都很高，曾三次被提名「北師大十佳教師」，儘管最終還是因為非主流思想被落選。

我要首先感謝恩師朱家禎先生——他把我領進經濟思想史研究的學術殿堂，在提升專業素養和提高個人修養兩方面都給我以巨大幫助和影響。

感謝《中國當代藝術》總編丁正耕先生——他獨具慧眼，在其主編的《中國當代藝術 2013》上首次全文刊登了我關於唯思史觀的文章〈唯思史觀（智創史觀）——人類認識自身何以發展的新的思想方法〉。

感謝《北京社會科學》的勇氣和擔當，刊登了兩篇闡述唯思史觀

的學術論文（第一篇〈經濟學研究需要理論創新〉從理論上闡明什麼是唯思史觀；第二篇〈對二十世紀五十年代臺灣經濟改革的再思考〉展示如何運用這種新的思想方法研究具體的經濟問題）。

最後感謝《人民日報》（海外版）、《人民網》——這些權威媒體對唯思史觀的正面報導，使更多人了解到這一與西方人基於一元神宗教傳統產生的、為歷史目的論服務的、強調他力救贖的舊史觀（神本主義的唯心史觀和物本主義的唯物史觀）有本質區別的強調自我拯救的人本主義新史觀。

值得慶幸的是，我一直在具有深厚人文精神傳統的北師大教書。雖然多年沒怎麼發表論文，把「功名」——評正高耽誤了（這事北師大沒責任，是相關制度缺陷造成的——把大學辦成養雞場，模仿泰勒「差別計件工資制」的套路評價腦力勞動者，想造就一流大學、一流學者、一流學術成果，難矣哉），但還是能夠正常教書、做研究。

實際上，不止一位歷史學專業的學者告訴我：「歷史沒有必然，只有偶然」在史學界早已是心照不宣的常識；之所以很少有人公開講出來，是因為包括西方人在內，迄今為止還沒有一種理論能夠闡明這背後的道理——唯思史觀填補了這一空白。

作為一種新的社會歷史觀，唯思史觀為哲學、歷史學、政治學、經濟學、心理學等人文學科諸領域的研究提供了一種新的思想方法和分析視角，有助於這些領域的學者得出比唯心唯物更有解釋力的研究結論。譬如，近年來歐洲基督徒在處理與穆斯林難民之間關係問題上，以及美國在處理與中國關係問題上，都遇到很大挫折。追根溯源，是因為多年來充斥在歐美精英決策層頭腦中的唯物主義思維在作祟——他們錯誤地認為：物質決定精神，只要幫助對方提高物質生活水平、變得更加富有，對方就必然會認同西方人的思想價值觀。這些唯物主義精英不明白在唯思主義者眼裡不言自明的道理：任何人、任

何民族的思想觀念,如宗教信仰、價值觀、世界觀、是非觀等等,都無法通過改善其客觀物質生活條件而加以改變;能夠改變人們思想觀念的,只能是長期堅持不懈的思想觀念教育——哈耶克強調「只有觀念(而不是物質)能夠打敗觀念」,說明他深諳這個道理。耐人尋味的是,無論是國際共產主義者葛蘭西提出的旨在奪取基督教文明社會思想文化領導權的「文化霸權理論」,還是穆斯林發起的伊斯蘭全球意識形態擴張運動——「達瓦(dawa)」,以及伊斯蘭極端分子對網絡宣傳的嫻熟運用,基督徒的對手們在這一點上都比歐美唯物主義精英有著更為正確、清醒的認識。

拿破崙說:「世上只有兩種力量:利劍和思想;從長而論,利劍總是敗在思想手下。」撒切爾夫人和薩科齊都曾公開表示:中國並不是真正意義上的大國,因為近代中國一直是思想產品進口國,沒有產生並輸出過有價值的思想。作為有悠久歷史和燦爛文化的大國,中國不應僅僅滿足於做「世界工廠」、輸出工業品,更應通過開放思想市場增強軟實力、進而為人類文明大廈提供能得到普遍認同的先進思想理念。

小時候我一直為自己與眾不同而竊傲,長大後才發現:每個人都是個與眾不同的小世界——正因為每個人都有與眾不同的複雜的內心世界,人類社會才會如此繽紛燦爛、變化無窮、勃勃向前。因此,唯有研究思想,才能洞悉人類社會何以發展進步的奧妙。是為跋。

二〇二〇年初於北師大寓所

圖版

自在世界與自為世界（感性世界、人工界）的關係

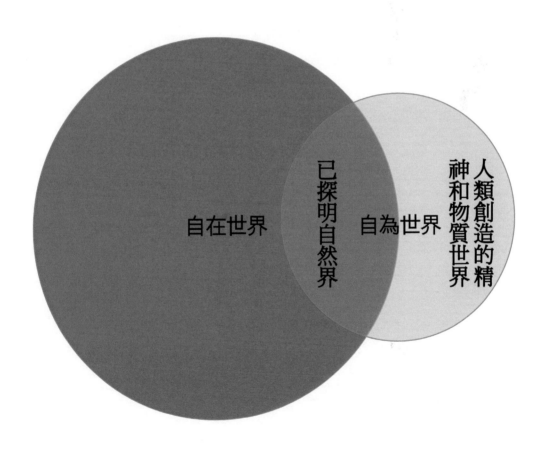

史學研究叢書・歷史文化叢刊 0602015

唯思史觀——洞悉人類文明進步奧秘的鑰匙

作　　者　張　躍
責任編輯　林以邠
特約校稿　龔家祺

發 行 人　林慶彰
總 經 理　梁錦興
總 編 輯　張晏瑞
編 輯 所　萬卷樓圖書股份有限公司
排　　版　林曉敏
印　　刷　維中科技有限公司
封面設計　斐類設計工作室

發　　行　萬卷樓圖書股份有限公司
　　　　　臺北市羅斯福路二段 41 號 6 樓之 3
　　　　　電話 (02)23216565
　　　　　傳真 (02)23218698
　　　　　電郵 SERVICE@WANJUAN.COM.TW
香港經銷　香港聯合書刊物流有限公司
　　　　　電話 (852)21502100
　　　　　傳真 (852)23560735

ISBN 978-986-478-343-4

2020年4月 初版一刷
定價：新臺幣300元

如何購買本書：

1. 劃撥購書，請透過以下郵政劃撥帳號：
　帳號：15624015
　戶名：萬卷樓圖書股份有限公司

2. 轉帳購書，請透過以下帳戶
　合作金庫銀行 古亭分行
　戶名：萬卷樓圖書股份有限公司
　帳號：0877717092596

3. 網路購書，請透過萬卷樓網站
　網址 WWW.WANJUAN.COM.TW

大量購書，請直接聯繫我們，將有專人為
您服務。客服：(02)23216565 分機 610

如有缺頁、破損或裝訂錯誤，請寄回更換

國家圖書館出版品預行編目資料

唯思史觀——洞悉人類文明進步奧秘的鑰匙/
張躍著. -- 初版. -- 臺北市：萬卷樓, 2020.04
　面；　　公分. -- (史學研究叢書. 歷史文化叢
刊; 602015)
ISBN 978-986-478-343-4

1.經濟思想史 2.文集

550.9　　　　　　　　　　　　109001601